MÜNSTERSCHWARZACHER KLEINSCHRIFTEN

herausgegeben
von den Mönchen der Abtei Münsterschwarzach

Band 89

Wunibald Müller

Gönne Dich Dir selbst

Von der Kunst sich gut zu sein

VIER-TÜRME-VERLAG MÜNSTERSCHWARZACH
1995

Wunibald Müller

Gönne Dich Dir selbst

Von der Kunst sich gut zu sein

VIER-TÜRME-VERLAG MÜNSTERSCHWARZACH
1995

Die Deutsche Bibliothek – CIP- Einheitsaufnahme

Müller, Wunibald:
Gönne Dich Dir selbst : von der Kunst sich gut zu sein / Wunibald Müller. – 1. Aufl. – Münsterschwarzach : Vier-Türme-Verl., 1995
(Münsterschwarzacher Kleinschriften ; Bd. 89)
ISBN 3-87868-521-1
NE: GT

3. Auflage 1996
Gesamtherstellung: Vier-Türme-Verlag, D-97359 Münsterschwarzach Abtei

ISSN 0171-6360
ISBN 3-87868-521-1

INHALT

VORWORT

„Gönne Dich Dir selbst" – so heißt es in einem Brief von Bernhard von Clairvaux an Papst Eugen III. Mancher mag stutzen, wenn er das liest und es nicht glauben wollen, daß Bernhard von Clairvaux das tatsächlich dem damaligen Papst geschrieben hat. Klingt doch eine solche Empfehlung mitunter sehr egoistisch und läßt sie sich doch – so scheint es – schwer vereinbaren mit dem Pauluswort „allen alles sein".

Und dennoch: Das „gönne Dich Dir selbst" von Bernhard von Clairvaux ist nichts anderes als eine Akzentuierung des Hauptgebotes „Liebe Deinen nächsten wie Dich selbst". Denn, wie vermag ich Gott, die Mitmenschen, wahrhaft zu lieben, wenn ich mich selbst nicht zu lieben vermag? Wie vermag ich mich Gott, den Mitmenschen, wirklich zu gönnen, ihnen zu geben, ja mich für sie hinzugeben, wenn ich mich mir selbst nicht gönne? Manche gut gemeinte Hingabe für Gott und andere hat jenen, die sich hingaben, zu seelischem und physischem Schaden gereicht, weil ihre Hingabe eine wesentliche Grundlage dafür außer acht ließ, nämlich die Sorge um sich selbst, die Wertschätzung und Zuneigung sich selbst gegenüber, die sich dann auch in einem konkreten Verhalten sich selbst gegenüber zum Ausdruck bringt.

Bei unserer Arbeit im RecollectioHaus in Münsterschwarzach, einem Haus, in dem Priester und Ordensleute für jeweils drei Monate psychotherapeutisch und spirituell begleitet werden, machen wir vom Team immer wieder die Erfahrung, daß hinter der spirituellen und psychischen Not der Seelsorger, Priester und Ordensleute, die zu uns kommen, oft eine negative Einstellung sich selbst gegenüber, ein geringes Selbstwertgefühl, eine Verweigerung der Annahme ihrer selbst steht. Und je mehr jene Männer und Frauen dazu fähig werden, sich zu bejahen, sich anzunehmen, desto mehr sind sie auch wieder in der Lage, sich so für Gott und andere Menschen einzusetzen und hinzugeben, daß das den anderen und ihnen zum Segen gereicht. Auch machen sie dann zunehmend die Erfahrung, daß sie empfänglich sind für die Sorge und die Zuneigung anderer ihnen gegenüber, sie fühlen, daß sie eine solche Zuneigung verdienen und dankbar Gottes Kuß seiner bedingungslosen Annahme annehmen und sich davon von innen her berühren lassen können.

Der Weg dahin ist oft nicht leicht und nicht selten sind wir es selbst, die uns dabei am meisten im Wege stehen. Die folgenden Ausführungen wollen zunächst einmal dafür Mut machen, sich gut zu sein und wenigstens anfanghaft in die Kunst, der es dabei bedarf, einführen. Meine Ausführungen gehen auf einen Vortrag zurück, den ich im Herbst 1994 auf Einladung der Klinikseelsorger und Klinikseelsorgerinnen der Universitätsklinik Würzburg am Tag der Klinikseelsorge Helfern und Helferinnen im Bereich der Seelsorge und der Klinik vortragen konnte.

Ich widme diese Schrift meinen Mitarbeiterinnen und Mitarbeitern im RecollectioHaus in Münsterschwarzach, Sr. Julietta Götz, Dr. Ilse Müller, Angelika Susewind, Maria Melber, Kuni Weidinger, Br. Gotthard Bystron, P. Meinrad Dufner, P. Dr. Anselm Grün, P. Prior Udo Küpper, Dr. Ruthard Ott.

Weiter widme ich sie den Mitarbeitern des gerade in Nachbarschaft zu Münsterschwarzach auf dem Schwanberg entstandenen Hauses „Respiratio“, Pfr. Hartmut Stoll und Christel Stoll, sowie den beiden Schwestern von der Kommunität Casteller Ring, Sr. Sigrid Klose und Sr. Kerstin Urban.

Beide Einrichtungen wollen Seelsorgern, Seelsorgerinnen und Ordensleuten helfen „nicht immer, aber immer wieder einmal..." – wie es Bernhard von Clairvaux sagt – sich sich selbst zu gönnen.

Wunibald Müller

PROLOG

Wenn Du Dein ganzes Leben und Erleben völlig ins Tätigsein verlegst und keinen Raum mehr für die Besinnung vorsiehst, soll ich Dich da loben? Darin lobe ich Dich nicht. Ich glaube, niemand wird Dich loben, der das Wort Salomons kennt: „Wer seine Tätigkeit einschränkt, erlangt Weisheit (Sir 38,25)".
Wenn Du ganz und gar für alle dasein willst, nach dem Beispiel dessen, der allen alles geworden ist (1 Kor 9,22), lobe ich Deine Menschlichkeit – aber nur, wenn sie voll und echt ist. Wie kannst Du aber voll und echt Mensch sein, wenn Du Dich selbst verloren hast... Denn was würde es Dir sonst nützen, wenn Du – nach dem Wort des Herrn (Mt 16,26) – alle gewinnen, aber als einzigen Dich selbst verlieren würdest? Wenn also alle Menschen ein Recht auf Dich haben, dann sei auch Du selbst ein Mensch, der ein Recht auf sich selbst hat. Warum solltest einzig Du selbst nichts von Dir haben? Wie lange bist Du noch ein Geist, der auszieht und nie wieder heimkehrt (Ps 78,39)? Wie lange noch schenkst Du allen anderen Deine Aufmerksamkeit, nur nicht Dir selber?
Bist Du Dir etwa selbst ein Fremder? Bist Du nicht jedem fremd, wenn Du Dir selber fremd bist? Ja, wer mit sich selbst schlecht umgeht, wie kann der gut sein? Denke also daran: Gönne Dich Dir selbst. Ich sage nicht: Tu das immer, ich sage nicht tu das oft, aber ich sage: Tu es immer wieder einmal. Sei wie für alle anderen auch für Dich selbst da, oder jedenfalls sei es nach allen anderen.

Bernhard von Clairvaux

1. Der Narr seines Mitleids

In den Erzählungen aus 1001 Nacht findet sich folgende Geschichte, in der ein junger Mann aus Mitleid einen gelähmten Greis ein Stück des Weges trägt.

„Der junge Mann hat Mitleid – Mitleid, du Narr, warum hast du Mitleid? ..., er beugt sich wirklich hilfreich nieder und setzt sich den alten Mann huckepack auf den Rücken.

Aber dieser scheinbar hilflose Greis ist ein Djin, ein böser Greis, ein schurkischer Zauberer, und kaum daß er dem jungen Mann auf den Schultern sitzt, krümmt er plötzlich seine knorrigen nackten Schenkel um die Kehle seines Wohltäters und ist nicht mehr abzuschütteln. Unbarmherzig macht er den Hilflosen zu seinem Reittier, er peitscht, der Rücksichtlose, der Mitleidlose, den Mitleidigen weiter und weiter, ohne ihm Rast zu gönnen. Und der Unselige muß ihn tragen, wohin jener es heischt, er hat von nun an keinen Willen mehr. Er ist das Reittier, er ist der Sklave des Elenden geworden, und ob ihm auch die Knie wanken, und die Lippen verschmachten, er muß, der Narr seines Mitleids fort und fort traben und den bösen, den verruchten, den listigen alten Mann als sein Schicksal auf dem Rücken schleppen".

Ist das nicht ein Bild, das sehr plastisch und dramatisch zugleich die Situation vieler Männer und Frauen einfängt, die ausgebrannt sind? Sie, die ausgezogen sind, anderen zu helfen, für sie da zu sein, sie ein Stück des Weges zu begleiten, ihre Sorgen sich aufzulasten, finden sich in einer Situation wieder, bei der sie das Gefühl haben, genau von denen nicht mehr losgelassen und unterdrückt zu werden, für die sie dasein wollen. Sie erleben sich dabei hilflos, wie Gefangene in einem System und in einem Netz von Beziehungen,

Verpflichtungen und Abhängigkeiten. Und sie wollen heraus, wollen all das, was sie gebeugt einhergehen läßt, was ihnen die Lust am Leben und an der Arbeit nimmt, abschütteln. Doch, so scheint es, jeder Versuch ist zum Scheitern verurteilt. Ja, sie geraten immer mehr in die Abhängigkeit dieses Monstrums, das sie zu beherrschen scheint.

Dieses Monstrum hat viele Gesichter. Einmal entdecken sie in ihnen Menschen, die an ihnen ziehen und zerren. Dann steht dieses Monstrum für die Gesellschaft und die Institutionen, in denen sie arbeiten: Da sehen sie dann den Chef, den Dienstplan, die Verwaltung, die Behörde. Manchmal, wenn sie genauer auf diesen Menschen hinsehen, erschrecken sie fast zu Tode. Denn sie entdecken: Es sind sie selbst, die da auf ihrem Rücken hocken, sie nicht mehr loslassen, und ihnen das Leben zur Hölle machen. Sie sehen dann ihrer Arbeitswut ins Gesicht, für die die Lust zur Leistung geworden ist. Vor allem aber begegnen sie dem Sklavenhalter in ihnen selbst, der sie mit seiner Unbarmherzigkeit knechtet. Sie begegnen in diesem bösartigen Kobold ihrer Unbarmherzigkeit und Lieblosigkeit sich selbst gegenüber.

2. Die Kunst, sich gut zu sein

Um mir gut zu sein, dafür genügt nicht ein Makeup, das nur kurz anhält, lediglich meine Oberfläche berührt, nicht tiefer in mich einwirkt. Sich gut sein, das kann dann nicht nur darin bestehen, sich ein extra Stück Torte zu gönnen – so sehr ich das jedem gönne –, oder eine gute Flasche Wein zu leeren oder sich endlich die schicke Bluse zu besorgen, die man sich lange versagte. Sich gut sein, kann sich dann letztlich auch nicht darauf beschränken zum Friseur zu gehen, um sich eine neue Frisur stylen zu lassen, so sehr das auch für den Moment einem gut tun mag. Wie hieß es doch so schön in einer Anzeige, auf die mich meine Frau vor einigen Wochen aufmerksam machte: Seit zwei Jahren bin ich auf der Suche nach einem neuen Selbst. Und jetzt genügten zwei Stunden bei meinem Friseur ein neues Ich zu finden.
Um mir wirklich gut zu sein, müssen alle Kräfte in mir und die Einflüsse um mich herum mitmachen, muß es zu einer konzertierten Aktion kommen, einem Zusammenspiel zu meinem Wohle. Denn was nützt es mir, wenn ich mir etwas Schönes zum Essen gönne oder vernünftig esse, mich körperlich durch Schwimmen, Spazierengehen, Radfahren usw. fit halte, meinen Arbeitsbereich klar umschreibe, innerlich aber zum Beispiel niedergehalten werde durch Schuldgefühle, die mit ihren Vorwürfen gegen mich selbst mir die Lust am Leben nehmen? Oder was nützen mir noch so gut gemeinte Vorsätze, der Freizeit, der Muse, dem Spielerischen in meinem Leben mehr Platz einzuräumen, um dann immer wieder eingeholt zu werden von einem Drang in mir, dem ich mich anscheinend nicht widersetzen kann, der mich an die Arbeit kettet? Oder was nützt aller guter Wille, mir gut zu sein, auf meine Grenzen zu

achten, wenn institutionell bedingte Regelungen mich fesseln, ständig meine Vorsätze vereiteln? Es bedarf in der Tat schon einer Kunst, sich gut zu sein. Das heißt, es bedarf eines Fingerspitzengefühles, ja eines Gefühles, einer Ahnung, der Intuition, zugleich aber auch einer Kompetenz, einer Fertigkeit, mitunter auch eines mühsamen Einsatzes, des intensiven Arbeitens an sich selbst und der Disziplin, um sich gut sein zu können. Auf der anderen Seite läßt sich nicht immer und im voraus festlegen, was es denn heißt, sich gut zu sein, was das erfordert. Es gibt nicht einfach nur einen Katalog, ein Rezept, an dem ich mich nur zu orientieren habe. Die Kunst sich gut zu sein ist nicht einfach etwas Statisches. Es ist etwas Dynamisches, verlangt von mir meine eigene persönliche Situation, meine Aufgabe, mein Umfeld, meine Wertvorstellungen mit zu berücksichtigen, flexibel und kreativ aus dem Stand heraus, Entscheidungen zu treffen und dann auch entsprechend umzusetzen.
Im Folgenden will ich auf einige Bereiche hinweisen, die es meiner Ansicht nach zu berücksichtigen gilt bei dem Vorhaben, mir gut zu sein. Es sind einige Bereiche, die vor allem auf Männer und Frauen zutreffen, die im helfenden Beruf tätig sind. Es sind bei weitem nicht alle Bereiche und Aspekte, die es dabei wert wären näher anzuschauen. Ich konzentriere mich auf jene Bereiche, die sich von meinem beruflichen Hintergrund her als Theologe und Psychotherapeut in besonderer Weise dafür anbieten.

3. Einfluß auf die Gestaltung des Tages nehmen

In Afrika, so wurde mir berichtet, gibt es die Praxis, einige der Legehühner, die vom ständigen Produzieren besonders erschöpft sind, für ein paar Tage aus der Menge herauszunehmen und sie für diese Zeit in einen gesonderten Raum zu bringen, wo sie sich von den Strapazen etwas erholen können. Das scheint mir auch eine mögliche auf die menschliche Situation übertragbare Intervention zu sein, wenn Menschen ausgebrannt sind oder Gefahr laufen auszubrennen. Ich verlasse für eine Weile die Umgebung, die für mich mit viel Streß verbunden ist und setze für diese Zeit die Tätigkeit aus, die mir zur Belastung geworden ist. Wenn es mir dann wirklich gelingt, den äußeren Abstand nutzend, auch einen inneren Abstand zu dem, was mich belastet hat, zu finden, kann das eine wirkungsvolle Weise sein, dem Ausbrennen etwas entgegenzusetzen. Nicht selten gelingt aber diese Distanz nicht, vor allem aber holen uns unsere alten Verhaltensmuster wieder ein. Wir kommen nicht wirklich zur Ruhe, vermögen uns nicht zu entspannen. Wir kommen dann etwas gestärkt in die alte Umgebung zurück, um sehr schnell wieder bei dem Punkt angekommen zu sein, der uns veranlaßte etwas Abstand zu suchen, sich eine Pause zu gönnen.
Manche haben bei ihrem Versuch, einem inneren Ausbrennen vorzubeuen, gute Erfahrungen damit gemacht, im Ablauf eines Tages ganz bewußt Akzente zu setzen, die dazu beitragen können, nicht länger einfach dem Sog eines von außen vorgegebenen Rhythmus zu verfallen. Sie stehen bewußt etwas früher auf, um in Ruhe den Tag beginnen zu können. Sie meditieren, lesen einige Zeilen aus einem Buch, das sie inspiriert, ihnen

Gedanken vermittelt, mit denen sie den Tag beginnen und die sie tagsüber begleiten. Manche beginnen den Tag mit einer kurzen Betrachtung oder mit einem Gebet. Ein anderer mag die ersten zehn Minuten des Tages damit verbringen, sich an seine Träume zu erinnern, diese aufzuschreiben und zu versuchen herauszufinden und nachzuspüren, was sie ihm sagen wollen. Alle die genannten Möglichkeiten können dazu beitragen, den Tag bewußt zu beginnen. Sie können helfen, mehr mit sich in Berührung zu kommen, auch mit dem, was mich augenblicklich innerlich bewegt. Mir das bewußt zu machen und es mitunter auch in einer gewissen Weise auszudrücken. Wieder andere haben gute Erfahrungen mit Leibarbeit gemacht, wie Yoga, Eutonie, Tai Chi, die Fünf Tibeter, Autogenem Training, Entspannungsübungen und dergleichen mehr. Sie können ein gutes Gegengewicht zu den sonstigen Tätigkeiten und damit verbundenen Bewegungen darstellen. Ich tue bei all dem vor allem etwas für mich, tue mir etwas Gutes. Schenke mir, meiner Befindlichkeit, meinen Gedanken, meinen Sehnsüchten, meinem Leib Aufmerksamkeit. Ich gönne mir etwas. Bernhard von Clairvaux meint: „Gönne Dich Dir selbst. Ich sage nicht: Tu das immer, ich sage nicht, tu das oft, aber ich sage: Tu es immer wieder einmal. Sei wie für alle anderen auch für Dich selbst da, oder jedenfalls sei es nach allen anderen“.

Und ich tue mir etwas Gutes, wenn ich bei all dem, was mich begrenzt, was mir vorgeschrieben ist, nicht nachlasse herauszufinden, wie ich mein Leben, meinen Tag gestalten kann; wie ich den Spielraum, den ich habe für mich sichern kann; ich bestimme, welche Akzente ich bei der Gestaltung des Tages setze. „Auf die Beschaffenheit des Tages selbst einzuwirken, das ist die höchste aller

Künste", sagt Henry Thoreau (1979,98). Ich bin es dann, der mit entscheidet, wie mein Tagesablauf aussieht, was ich denke, tue, womit ich mich befasse. Zumindest sehe ich die Möglichkeiten, die mir bei allem Vorgegebenen dazu bleiben. So bestimme ich, wie ich zum Beispiel meinen Tag beginne und wie ich ihn beende. Und in der Art und Weise, welche Akzente ich setze, kommt zum Ausdruck, wie ich mit mir umgehe, was für eine innere Haltung ich mir selbst gegenüber habe. „Welche Rituale habe ich, den Tag zu beginnen und ihn zu beschließen? Morgens in der letzten Minute aufzustehen und das Frühstück herunterzuschlingen ist auch ein Ritual, aber eines, das krank macht", sagt Anselm Grün (1992,30). Oder, so fragt er weiter, „wie sieht zum Beispiel der Abend aus? Oft kommt man frustriert von irgendwelchen Sitzungen oder irgendwelcher Arbeit heim und hat dann zu nichts mehr Lust. Man stopft seinen Ärger zu durch Essen, Trinken oder durch's Fernsehen. Dann fällt man müde ins Bett. In den Ritualen soll das zum Ausdruck kommen, was mir wichtig ist, was ich bestärken will. In den Ritualen entdecke ich meine Identität".

Der Tagesbeginn und der Tagesbeschluß bieten sich in besonderer Weise für solche Rituale an als Ausdruck von dem, was uns wirklich wichtig ist. Aber solche Rituale im Sinne von Akzentsetzungen, können auch in den üblichen Tagesablauf eingebaut werden. Momente, in denen ich mich innerlich oder äußerlich zurückziehe, mit mir in Kontakt komme, für eine Weile bei mir verweile. Mir vergegenwärtige, was mich augenblicklich beschäftigt, vielleicht sogar in ein Selbstgespräch darüber trete, dabei all das zulasse, was in mir hochkommt, wie Freude, Frust, Trauer, Ärger, Dankbarkeit, Überdruß. Ein anderer mag die Mittagspause dazu benutzen, ein paar Schritte zu gehen, sich von einer anderen Umgebung etwas ablenken zu lassen, durch eine gemächlichere Gangart den ansonsten von Hektik bestimmten Rhythmus zu unterbrechen. Wieder einem anderen mag ein kurzer Aufenthalt in einer Kirche oder Kapelle, das Eintauchen in den Raum der Stille, ein kurzes Gebet, zur Ruhe kommen lassen. Das sind kleine Akzente, Rituale, die, wenn regelmäßig angewandt, helfen können, einem Ausbrennen vorzubeugen.

4. Wenn das Herz hart wird

Bernhard von Clairvaux fragt: „Wenn Du Dein ganzes Leben und Erleben völlig ins Tätigsein verlegst und keinen Raum mehr für die Besinnung vorsiehst, soll ich Dich dann loben? Darin lobe ich Dich nicht". Und an einer anderen Stelle meint er: „Ich fürchte, ..., daß Du eingekeilt in Deine zahlreichen Beschäftigungen, keinen Ausweg mehr siehst und deshalb Deine Stirn verhärtest. Daß Du Dich nach und nach des Gespürs für einen durchaus richtigen und heilsamen Schmerz entledigst. Es ist viel klüger, Du entziehst Dich von Zeit zu Zeit Deinen Beschäftigungen, als daß sie Dich ziehen und Dich nach und nach an einen Punkt führen, an dem Du nicht landen willst... An den Punkt, wo das Herz hart wird. Und frage nicht weiter, was damit gemeint sei; wenn Du jetzt nicht erschrickst, ist Dein Herz schon so weit...".

Ich glaube jeder kennt bei sich selbst oder Menschen mit denen er arbeitet, jene Erfahrung, daß sich das Herz verhärtet, daß anstelle von Mitleid Stumpfsinnigkeit, Gleichgültigkeit getreten ist. Da spricht dann der Seelsorger, der in seiner Gemeinde in einem Jahr achtzig Menschen beerdigt hat von den „achtzig Leichen", die er in diesem Jahr „hatte". Oder die Krankenschwester spricht nur noch von der „Galle auf Nummer fünf". Ärzte, die tagtäglich mit allergrößter menschlicher Not, einem Kampf um Leben und Tod, in Berührung kommen, stumpfen ab. Da sie keine Form für sich gefunden haben, das, was all das mit ihnen macht, zur Sprache zu bringen, bleibt ihnen oft nur die Ironie oder der Sarkasmus, um mit der Situation fertig zu werden. Die Folge davon ist, daß das Herz des Betreffenden sich immer mehr verschließt. Bernhard von

Clairvaux beschreibt den Vorgang wie folgt: „Zunächst kommt Dir etwas unerträglich vor. Im Laufe der Zeit gewöhnst Du Dich vielleicht daran und hälst es nicht mehr für so schwer; es dauert nicht lange, und es kommt Dir leicht vor; es vergeht nicht viel weitere Zeit, und es sagt Dir sogar zu. So verhärtet man Schritt für Schritt sein Herz, und auf die Verhärtung folgt die Abneigung."

„Die Wärme, die uns mit der Welt vereint, in der wir leben, fließt," so Alexander Lowen (1993,72), „von unserem Herzen. Das Gefühl der Liebe ist nichts anderes als diese Wärme". Und weiter meint er: „Wenn man ein erfüllteres und reicheres Leben führen möchte, muß man sein Herz zuerst dem Leben und der Liebe öffnen. Ohne Liebe – zu sich selbst, zu Mitmenschen, zur Natur, zum Kosmos" – und ich möchte ergänzen zu Gott – „ist ein Mensch kalt, isoliert und inhuman, also unmenschlich".

Ich kann dann als Helfer und Helferin für den anderen da sein, mit ihm fühlen, ihn begleiten und dabei auch etwas von mir ihm schenken, wenn mein Herz frei ist, wenn mein Herz so geöffnet ist, daß es fließen kann. Wenn ich also nicht verkrümmt, mein Herz, meine Seele versteckt haltend durch das Leben gehe. Wenn ich mit offenem Herzen durch das Leben gehe, mache ich mein Herz zum Radarschirm und zum Kompaß, verlasse ich mich auf mein Herz. Wo mir das gelingt, muß ich keine Angst haben, daß andere zu kurz kommen. Ich muß zugleich aber auch keine Angst haben, daß ich zu kurz komme. Wenn ich mit offenem Herzen durch die Welt gehe, werde ich vieles zulassen können, wird mich vieles – auch tief – bewegen, werde ich spontan in Aktion treten können. Ich werde zugleich immer wieder beschenkt werden, etwas bekommen, bereichert werden. Wer dagegen mit einem verschlossenen Herzen lebt, könnte, so Alexander Lowen, ebenso im Laderaum eines Schiffes auf Kreuzfahrt gehen. Er ahnt und begreift nichts von der Bedeutung, dem Abenteuer, der Erregung und Herrlichkeit des Lebens und vermag auch selbst nichts für das Leben, für die Lebendigkeit anderer Menschen beizutragen.

Wenn ich spüre, daß ich mein Herz verschließe, daß ich Menschen nicht mehr wirklich personal begegne, das Dasein für sie im Grunde genommen pervertiert wird in eine innere Ablehnung ihnen gegenüber, dann kann in einer solchen Einstellung und in einem dementsprechenden Verhalten auch deutlich werden, daß ich innerlich ausgebrannt bin. Frustration, Zynismus und Depression charakterisieren dann meine innere Stimmung. Bezogen auf mein Verhältnis für die Menschen für die ich eigentlich dasein will, kann das dann dazu führen, daß ich wenig Interesse, wenig Sympathie oder Respekt für sie empfinde. Ich verliere meinen Enthusiasmus und meine Kreativität. Mit der Zeit distanziere ich mich innerlich so sehr von denen, denen ich eigentlich helfen sollte, bis dahin, daß mein für sie Dasein in Ablehnung umschlägt.

5. Bei mir selbst sein

Um zu verhindern, daß mein Herz hart wird nicht nur gegenüber den anderen, sondern auch mir selbst gegenüber, ist es wichtig, daß ich immer wieder bei mir einkehre. Und ich tue mir etwas Gutes damit. Ich tue mir etwas Gutes, wenn ich wirklich mit mir in Berührung bin, ich immer wieder ganz bei mir, auf mich hin konzentriert bin, dabei in Berührung bin mit meinen Gefühlen, Empfindungen und meinem Innersten. Es so ist, wie wenn ich mich selbst besuche. Von Karl Valentin stammt der Ausspruch: „Heute besuch' ich mich. Hoffentlich bin ich daheim!" Wenn ich wirklich präsent bin, dann begegne ich mir. Dann treffe ich wirklich auf mich. Und mein Inneres reagiert auf meine Kontaktaufnahme mit mir wie ich auf einen willkommenen Besuch reagiere. Wenn dieser Kontakt aber mit mir selbst ausbleibt, fehlt mir etwas. Das kann so weit gehen, daß ich mir selbst immer fremder werde, ich den Kontakt mit mir, meinem Innersten, immer mehr verliere, bis ich vielleicht nur noch ahne, da gibt es doch noch etwas, eine Seite in mir, die irgendwie zu mir gehört, die ich aber aus den Augen verloren habe. Und diese Seite von mir, die ganz wesentlich zu mir gehört, wird sich wie verlassen erleben, abgelehnt, ungewollt und leise vor sich hinweinend sich verkriechen.

„Wie kannst Du... voll und echt Mensch sein, wenn Du Dich selbst verloren hast", fragt Bernhard von Clairvaux. Und weiter meint er: „Denn was würde es Dir sonst nützen, wenn Du – nach dem Wort des Herrn (Mt 16,26) alle gewinnen, aber als einzigen Dich selbst verlieren würdest? Wenn also alle Menschen ein Recht auf Dich haben, dann sei auch Du selbst ein Mensch, der ein Recht auf sich selbst hat. Warum solltest

eigentlich Du selbst nichts von Dir haben? Wielange bist Du noch ein Geist, der auszieht und nie wieder heimkehrt (Ps 78,39)? Wielange noch schenkst Du allen anderen Deine Aufmerksamkeit, nur nicht Dir selber? Bist Du Dir etwa selbst ein Fremder? Und bist Du nicht jedem fremd, wenn Du Dir selber fremd bist? Ja, wer mit sich schlecht umgeht, wie kann der gut sein?„
Hier wird deutlich, wie wichtig Zeiten der Stille, der Besinnung und der inneren Betrachtung sind. Das sind Momente, in denen ich meiner selbst inne werden kann, wieder mehr mit meinem Inneren in Berührung komme, mit ihm vertraut werde. Es sind zugleich die Momente, in denen ich in der Konzentration auf mich selbst, mich befreie von dem, was mich von außen bestimmt, oft so sehr, daß ich gar nicht mehr wirklich an mich herankomme, gar nicht mehr ausmachen kann, wer bei all dem ich bin, was mich ausmacht. Das aber tut gut. Es tut mir gut, meiner gewärtig zu werden, immer wieder zu spüren und zu erfahren, daß ich mehr und noch einmal etwas anderes bin als das, was mich durch äußere Bedingungen, Funktionen, Verpflichtungen, Erwartungen zu bestimmen scheint. Mehr als mein Status, als meine Arbeit, als mein Erfolg oder Mißerfolg. Sich das, was mich ausmacht, nicht darin auflöst, ich mich darin nicht verliere, sondern ich, mein Selbst unabhängig davon existiert, ist. In meinem Gewärtigsein, meiner gewärtig sein, *adesse*, komme ich zugleich wieder mehr mit meinem Sein und Selbst in Kontakt und in Berührung.
Folgende Übung kann mir helfen, wieder mehr mit meinem Selbst in Berührung zu kommen, wenn ich spüre, daß ich Gefahr laufe, mich so sehr mit äußeren Situationen und Begebenheiten, von Erfolgen und Niederlagen, von Stimmungen und Empfindungen zu identifizieren, daß ich den Be-

zug zu meiner Mitte, meinem Selbst verliere. Die Übung wurde von Roberto Assagioli entwickelt, dem Begründer der Psychosynthese. Bei dieser Therapieform geht es unter anderem darum, mit Hilfe unseres Zentrums, unserer Mitte, unserem Selbst, die als jene konstante Größe verstanden werden, in der das, was uns eigentlich ausmacht, die Kräfte und Strebungen, auch Unterpersönlichkeiten genannt, die ihren eigenen Weg, weg von der Mitte gehen wollen, wieder zusammenzuführen, hin zur Mitte. Die Übung will dazu beitragen, wieder mit der integrierenden Kraft unserer Mitte in Kontakt zu kommen und in ihr die uns letztlich ausmachende und bestimmende Größe zu erfahren. Was mich als Mensch, als Person ausmacht, ist mehr, geht tiefer, geht über das hinaus, was ich spüre, fühle, empfinde und erlebe.

Ich begebe meinen Körper in eine angenehme und entspannte Stellung und schließe die Augen. Nachdem ich dies getan habe, sage ich bestärkend zu mir:

Ich habe einen Körper, aber ich bin mehr als mein Körper. Mein Körper mag sich gesund oder krank anfühlen, er mag ausgeruht oder müde sein, er ist ein Teil von mir, aber das was mich, mein Selbst ausmacht, ist mehr als dieser Körper. Mein Körper ist mein wertvolles Instrument der Erfahrung und des Handelns in der äußeren Welt. Ich behandle ihn gut. Ich bemühe mich, ihn in guter Gesundheit zu erhalten, aber das was mich letztlich ausmacht, worin mein Selbst zum Ausdruck kommt, ist mehr als mein Körper. Ich habe einen Körper, aber ich bin mehr als mein Körper.

Ich habe Gefühle, aber ich bin mehr als meine Gefühle. Diese meine Gefühle sind ganz unterschiedlicher Art. Sie ändern sich ständig, es sind ganz gegensetzliche Gefühle. Bei all dem weiß ich aber, daß ich immer ich bleibe, mein Selbst: in Zeiten der Hoffnung und in Zeiten der Verzweiflung, bei Freude oder bei Schmerz, im Zustand der Verwirrung oder der Ruhe und Gelassenheit. Ich vermag meine Gefühle zu spüren, in ihnen zu sein, zugleich aber kann ich sie auch beobachten, verstehen und einsetzen, mit ihnen umgehen, ich vermag sie zu lenken und zu nutzen. Das aber sagt mir auch, daß ich, das, was mich ausmacht, was mein Selbst ist, mehr ist als meine Gefühle. Ich habe Gefühle, aber das, was mich ausmacht, ist mehr als meine Gefühle.

Ich habe Wünsche und Sehnsüchte, aber ich bin mehr als meine Wünsche und Sehnsüchte. Meine Wünsche und Sehnsüchte kommen aus mir und kommen aus meiner Umwelt. Sie sind veränderbar und gegensätzlich, sie sind gekennzeichnet von Anziehung und Zurückweisung. Ich habe Wünsche und Sehnsüchte, aber ich bin mehr als meine Wünsche und Sehnsüchte.

Ich habe einen Verstand, aber ich bin mehr als mein Verstand. Mein Verstand ist mehr oder weniger gut entwickelt und aktiv. Er ist ein Organ von Wissen in Bezug auf die äußere Welt wie auf meine innere Welt. Aber er ist nicht mein Selbst. Ich habe einen Verstand, aber ich bin mehr als mein Verstand.

Das, was ich im Tiefsten bin, was mich ausmacht, ist mehr als mein Körper, ist mehr als meine Gefühle, mehr als meine Wünsche und Sehnsüchte, mehr als meine Gedanken. Es ist mein Selbst, jener Bereich in mir, der mich trägt, der unveränderlich ist, der mich zutiefst ausmacht. Mit diesem Bereich in mir versuche ich in Berührung zu kommen, ihn will ich spüren, ihn will ich in mir wirken lassen. Jener Bereich in mir, der mein Fundament ausmacht, in dem am dichtesten das, was mich ausmacht, zum Ausdruck kommt.

Wenn ich anderen begegne als einer, der sich selbst begegnet ist, der mit sich selbst, seinem Selbst wieder in Kontakt gekommen ist, dann bin es auch ich selbst, der ihnen begegnet, bewußt begegnet. Ich kann ihnen dann als einer entgegentreten, der im Innewerden seiner selbst, mit seiner eigenen Mitte in Berührung gekommen, aus seiner Mitte kommend auf sie zugeht. Und jetzt, wo ich mehr mit mir selbst in Kontakt bin, mich bei all dem, was mich umgibt wie ein Meer, in dem ich mich immer wieder aufzulösen scheine, als selbständig, als eine Einheit erfahre, vermag ich auch mehr als sonst im anderen, den jeweilig eigenen, eigenständigen und einzigartigen Mitmenschen zu sehen und zu entdecken. Er geht dann nicht einfach unter in der Masse, seine Konturen, Eigenständigkeit und Einzigartigkeit verlierend. In Berührung mit meiner Mitte bin ich sensibler für seine Mitte und offen dafür, mein bei mir Anwesendsein, auszudehnen und auch bei ihm anwesend zu sein, wirklich mit ihm zu sein. Da ich im Dasein für mich, im bei mir Anwesendsein zugleich mit meinem Herzen in Berührung bin, mein Herz für mich zu schlagen vermag, kann mein Herz auch für die andere Person schlagen, habe ich ein Gespür für ihn, seine Situation. Jetzt kann auch ein echtes Interesse zwischen mir und der anderen Person walten. Ein Zwischen-Sein, das meint ja das lateinische Wort: „inter“ zwischen und „esse“ sein. Mein Sein, mein mit mir in Berührung sein, bei mir sein, aus meiner Mitte heraus leben, öffnet mich für die andere Person. Ich begegne ihr aus meinem Sein, aus meiner Mitte – und nicht nur oberflächlich. Ich bin wirklich an ihr als ganze Person interessiert.

6. Die Kunst, nein zu sagen

Die Kunst mit mir gut zu sein, ist eng verknüpft mit der Kunst „nein“ sagen zu können. Ich sage Nein zu einer Bitte, einer Aufforderung, einer Erwartung, wenn ein Ja, ein Nein zu mir beinhalten würde. Es geht hier nicht um ein billiges Nein, ein Michdrücken vor Verantwortung. Es geht darum, für mich herauszufinden, wo zu meinem Schutze, aus Rücksicht und Fürsorge für mich, mein Nein nicht nur angemessen, sondern geradezu gefordert ist.

Ich kenne Menschen, die hetzen von einem Termin zum anderen, die meinen die ganze Welt beglücken zu müssen. Denen kann es tatsächlich passieren, daß sie sich in's Taxi setzen und auf die Frage des Taxifahrers, wohin sie denn wollen, antworten: „Ganz egal, wohin sie mich fahren. Ich werde überall gebraucht“. Diese Menschen erlebe ich als fließend, fließend in dem Sinne, daß ich sie überhaupt nicht zu fassen bekomme, sie für mich keine Konturen haben. Sie erinnern mich an den Ausspruch: Wenn jemand für alles offen ist, kann er nicht ganz dicht sein. In der Begegnung mit ihnen habe ich dann auch nicht das Gefühl, es mit einem wirklichen Gegenüber zu tun zu haben, mit jemanden, der wirklich mit mir Kontakt aufnimmt. Er ist auch nicht wirklich anwesend, huscht an mir vorbei.

Jener erinnert mich an jene Menschen, von denen Sören Kierkegaard (1984,23) sagt: „Das Lächerlichste von dieser Welt sind mir die Leute, die es eilig haben, nicht schnell genug essen und arbeiten können. Sehe ich, wie einem solchen Geschäftigen sich im entscheidenden Augenblick eine Fliege auf die Nase setzt, oder wie ihn ein Wagen, der noch mehr pressiert als er, mit Kot bespritzt, oder wie die Schranke am Eisenbahnübergang ihm vor der Nase zugeht, oder wie ihm ein Dachziegel auf den Kopf fällt und ihn totschlägt, so lache ich von Herzen. Wer möchte da nicht lachen! Was richten sie aus, diese ewig Hastenden? Geht es ihnen nicht wie jener Frau, die aus ihrem brennenden Haus in der Verwirrung die Feuerzange rettete? Retten sie etwas mehr aus dem großen Brande des Lebens?"

Bei jenem, der meint, für alle dasein zu müssen, komme ich mir selbst vor wie *alle*. Unsere Begegnung, wenn sie es überhaupt verdient so genannt zu werden, kennt nicht die Erfahrung, wenigstens für einen Moment, wirklich miteinander in eine Verbindung getreten zu sein, aus dem *alle*, der Masse herauszutreten und in ein je Eigenes, Persönliches, Einzigartiges einzutreten. Mir kommen dazu die Worte von Martin Buber (1984,168) in den Sinn, der sagt: „Ich kenne Leute, die in der 'sozialen Tätigkeit' aufgehen und nie mit einem Menschen von Wesen zu Wesen geredet haben".

Mein Ja zu etwas muß abgedeckt sein von mir. *Ich* soll über mein Ja zum Ausdruck kommen. Es soll darin etwas von mir leben, dem, was ich will, was zu meiner Welt gehört, mit meinen Wertvorstellungen und Zielen zu tun hat. Das aber wird es nur können, wenn da ein Ich da ist, ich um mich weiß, mit mir in Berührung bin. Bin ich aber mit mir in Berührung, dann bin ich auch mit meinen Bedürfnissen, dem was ich brauche, was mir gut tut, in Berührung. Und ich bin nur dann wirklich mit mir in Berührung, wenn ich auch mit dieser bedürftigen Seite in mir in Berührung bin.

Bin ich aber mit mir selbst, einschließlich meiner bedürftigen Seite, nicht in Berührung, dann bin ich meiner selbst entrückt. Dann bin ich auch alles andere als selbstlos, wie so manche irriger Weise annehmen, die meinen im Dienst für andere aufzugehen beziehungsweise aufgehen zu müssen.

Zumindest sind sie nicht selbstlos in dem Sinne, wie sie es meinen, also daß sie sich für andere unter Hintanstellung eigener Bedürfnisse und Interessen hingeben. Denn, es sind ja gar nicht länger sie selbst, ihr Selbst, ihr Ich. Die Quelle ihrer Entscheidung und ihres Tuns ist nicht länger gespeist von ihrer Mitte her, jenem Zentrum, das *sie* frei für etwas entscheiden läßt. Ihr Tun wird von Kräften und Stimmungen gesteuert, die den Bezug zu ihrer Mitte verloren haben, die sich recht schnell als Schuldgefühle, eine negative Einstellung gegenüber sich selbst, Minderwertigkeitsgefühle und dergleichen mehr herausstellen können. So meint denn auch Joseph Ratzinger (1982,82): „Wer nur übernatürlich, nur selbstlos sein will, ist zwar am Schluß ichlos aber alles andere als selbstlos...“.

7. Sich gut sein, heißt nicht egoistisch zu sein

Wenn ich sage, daß die Kunst sich gut zu sein einhergeht mit der Kunst nein zu sagen, dann geht es mir nicht darum einem egoistischen Verhalten zu huldigen, wo ich nur mich im Blick habe, mich vornehm in Privatheit und Unverantwortlichkeit zurückziehe. Es gibt Menschen, die nach dem Motto „man gönnt sich ja sonst nichts" einer Mentalität verfallen, die sehr viel mit Verbürgerlichung und Rückzug in die Privatheit, mitunter aber recht wenig mit der Kunst, sich gut zu sein, zu tun hat. Sie ziehen sich zurück in eine Welt der Bequemlichkeit und Annehmlichkeiten, einer Welt der Ästhetik und Esoterik, einer Welt, die sie anscheinend schützt vor der Wirklichkeit des Alltags und vor der Verantwortung für etwas, das über ihre eigene Welt hinausgeht. Mir geht es nicht um eine Verunglimpfung von Erfahrungen, die mit Genießen, mit Lust am Leben zu tun haben. Ich bin sehr für diese Erfahrungen. Mir geht es darum, eine mögliche extreme Entwicklung aufzuzeigen, die unter dem Namen „von der Kunst sich gut zu sein" einem Hedonismus, also einer Lebensgestaltung des Genießens und der Lusterfahrung erliegt, die eher die Bezeichnung Egoismus und Narzißmus verdient. Wer aber Narzißmus verherrlicht, als den goldenen Weg der Selbstverwirklichung propagiert, gibt sich nach meiner Überzeugung einer grausamen Selbsttäuschung hin, da er damit den heilenden Kräften liebender Beziehungen eine Bankrotterklärung erteilt. Wer glaubt, ich bin ich und ich bin mir gut genug, der sollte sich die Worte von Angelus Silesius aus dem 17. Jahrhundert zu Herzen nehmen, der sagt:

„Nichts hält Dich fest
außer Dein Ich –
bis Du aufbrichst
seine Ketten,
seine Handschellen
und frei bist.“

Den Unterschied zwischen Egoismus und einem Ja zu sich selbst, wie es in der Kunst sich gut zu sein zum Ausdruck kommen kann, stellt der bereits erwähnte Joseph Ratzinger (1982,83) deutlich heraus, wenn er sagt: „Der Egoismus ist zwar den Menschen natürlich und ganz von selber da, aber keineswegs die Annahme seiner selbst. Den ersten (den Egoismus) muß man überwinden, das zweite (die Annahme seiner selbst) muß man finden“. Und er fährt fort: „Es gehört gewiß zu den gefährlichsten Fehlern christlicher Pädagogen und Moralisten, daß sie nicht selten beides verwechselt und dabei das Ja zu sich selbst ausgetrieben, den Egoismus als die Rache des verleugneten Selbst aber nur um so gründlicher bestärkt haben“.

Das heißt, narzißtisches Verhalten, ein sich Zurückziehen in die Privatheit, ein sich Abschotten von der Verantwortung gegenüber meinen Mitmenschen und meiner Umwelt, kann nicht gleichgesetzt werden mit einer Einstellung und einem Verhalten, das auf Verantwortung und Sorge anderen *und* mir gegenüber gründet. Es mag Zeiten geben, in denen die äußeren Umstände, die Not des anderen von mir verlangen, die Sorge um mich zu vernachlässigen, einfach für den anderen dazusein, mich für ihn aufzubrauchen. Es gibt Männer und Frauen, die sich ganz aufgebraucht haben für andere, wirklich selbstlos handeln und in diesem selbstlosen Tun ihr Selbst, das, was sie in ihrer Berufung im Tiefsten ausmacht, verwirklicht haben und verwirklichen. Sie verdienen unseren Respekt. Es wäre in meinen Augen vermessen, ihre Motive und ihr Tun in Frage zu stellen angesichts der eigenen Begrenztheit und Armseligkeit, die weit hinter ihrem Mut, ihrem Engagiertsein, ihrer Hingabe zurückbleiben. Allein, es sind nur wenige und außergewöhnliche Menschen. Was sie unterscheidet von den sogenannten selbstlosen Menschen ist, daß sie ihr Selbst, das, was sie zutiefst ausmacht, in ihrem Tun zum Ausdruck bringen. Sie das in dieser Radikalität nur tun können, weil es ganz und gar abgedeckt ist von ihrem Selbst. Ihr Ja zum anderen ist zugleich ein Ja zu sich selbst. Im Gegensatz zu jenen, die anscheinend selbstlos handeln, doch deren Ja zum anderen mit einem Nein zu sich selbst einhergeht und die darin und damit oft das wiederholen, was sie tief in sich spüren: nicht angenommen, nicht gemocht, nicht bestärkt und nicht geliebt zu sein.

8. Liebe und Arbeit

Eine recht wirkungsvolle Maßnahme gegen die Gefährdung auszubrennen besteht darin, von vorneherein darauf bedacht zu sein, eine gute Balance zwischen Arbeit und Freizeit zu gewährleisten. Das heißt, der „pain area“, also dem Bereich der Arbeit, des Dienstes, der Verpflichtung, eine „play area“, das heißt Zeiten der Entspannung, des kreativen Schaffens, gegenüberzustellen. Nicht umsonst hat bereits Sigmund Freud Liebe und Arbeit als die entscheidenden Kennzeichen für ein auch psychisch gesundes Leben herausgestellt.

Wenn die Seite, die für Lieben, Spielen, Phantasieren, kreatives und zweckloses Tun, Tanzen, Kunst und Kultur steht, immer mehr vernachlässigt wird, gerät der Mensch aus dem Gleichgewicht, verliert er seine Ausgeglichenheit, wird er und wirkt er unausgeglichen. Als zuverlässige Bollwerke gegen die Gefahr des Ausbrennens erweisen sich daher fest im Leben, in der Lebensgestaltung und Lebensplanung gleichsam eingewurzelte Strukturen, Gepflogenheiten, Gewohnheiten, die Freizeit, Zeit des Spielens und der Entspannung „garantieren“. Das kann mit einer so selbstverständlichen Einrichtung wie dem Sonntag beginnen, wenn der Tag entsprechend als freier Tag genutzt wird. Das kann heißen, genügend Urlaub nehmen, wenn der dann auch nicht wieder in Streß ausartet. Vor allem aber meint es, daß jene Bereiche, die der Erholung, der Entspannung, dem Auffrischen mit neuen Ideen und Eindrükken und dem Ausdruck von zweckfreiem Tun dienen, ein solches Gewicht und eine solche Bedeutung haben, daß sie bei all den Anforderungen aus dem Bereich der Arbeit, des „Muß“, der Leistung, nicht untergehen. Das aber setzt voraus, daß wir sie selbst so sehr gewichten, sie für so wichtig erachten, daß wir sie auch da, wo sie gefährdet sind, verteidigen. Damit sie nicht zu kurz kommen, bedürfen sie oft einer Struktur, eines festen Einplanens in den üblichen Tagesablauf, da sonst die Gefahr besteht, daß sie vernachlässigt werden und untergehen.

Es läßt sich ein deutlicher Zusammenhang herstellen zwischen der Fähigkeit zu spielen und seelischer Ausgeglichenheit und Gesundheit. Auf der anderen Seite ist es offensichtlich, daß die Unfähigkeit und Weigerung zu spielen, Ausdruck einer unsicheren und psychisch beeinträchtigten Person sein kann (vgl. Menninger 1967,33). Beim Spielen geht es darum, etwas des Spaßes wegen zu tun, also ohne daraus einen bestimmten Nutzen oder finanziellen Gewinn erzielen zu wollen (vgl. 34). „Ein solches Tun bringt psychologisch gesehen einen Erneuerungsprozeß mit sich. Es handelt sich dabei um eine Erfahrung, bei der ich wieder kreativ werde. Dieses Tun macht es möglich, zur psychologisch wenig aufbauenden Routine oder Arbeit zurückzukehren, wo die Motivation darin besteht 'den Job zu tun`" (34). In Wettbewerbsspielen wie Fußball, Tennis, Badminton, Kegeln, aber auch Schach, Karten spielen oder „Mensch ärgere Dich nicht" kann unsere aggressive Seite ausgelebt werden. Im Dichten, Komponieren, Basteln, Backen, Kochen, Steppen usw. kann die kreative Seite in uns zum Ausdruck gebracht werden. Entspannung durch Unterhaltung – Musikhören, Lesen, Filme sehen, Kustwerke betrachten – erlaubt uns einerseits passiv zu sein und zugleich ersatzweise an etwas teilzunehmen (vgl. 36).

Dabei kann es sich um den Besuch von Konzerten, von Theater und Kino, von Ausstellungen oder einem Museum handeln. Regelmäßiges

Schwimmen, Saunieren, Spazierengehen, sich Zeit gönnen, zum Beispiel miteinander etwas Schönes zu unternehmen, etwas zu genießen, stellen weitere Möglichkeiten zweckfreien Tuns dar, die den monotonen, stark an einem Zweck und Ziel ausgerichteten üblichen Rhythmus auflockern und durchbrechen können. Bereits der Prediger im Alten Testament ruft uns zu solchem zweckfreien Handeln auf, wenn er sagt: „Also: Iß freudig dein Brot, und trink vergnügt deinen Wein; denn das, was du tust, hat Gott längst so festgelegt, wie es ihm gefiel. Trag jederzeit frische Kleider, und nie fehle duftendes Öl auf deinem Haupt. Mit einer Frau, die du liebst, genieß das Leben alle Tage deines Lebens... Denn das ist dein Anteil am Leben und an deinem Besitz, für den du dich unter der Sonne anstrengst“ (Koh 9,79).

Oft geht es dabei, wenn ich mir freie Zeit nehme, nicht so sehr darum, *wieviel* Zeit ich mir nehme, sondern, *was* ich mit der mir zur Verfügung stehenden Zeit tue, wie hoch die Qualität meiner Anwesenheit dabei ist. So kann ich stundenlang vor dem Fernseher hocken, zwischendurch immer wieder die einzelnen Programme dank Fernbedienung durchjagen und dabei Süßigkeiten in mich hinein stopfen oder mir das eine oder andere zusätzliche Bier gönnen – ich will mir ja etwas Gutes tun –, ohne daß das dazu beitragen würde mich wirklich zu entspannen, abschalten zu können, meinem Herz und meiner Seele Nahrung zu geben.

Das läßt sich auch auf andere Bereiche übertragen. Eine Partnerschaft und Freundschaft beispielsweise, die ein sehr starkes Gegengewicht zur Welt des Funktionierens, der Pflicht und des Leistenmüssens darstellen kann, wird dies nur dann tun können, wenn sie auch entsprechend qualifiziert, im Sinne von beiderseitiger echter

Anteilnahme gelebt wird. Zu meinen, allein aufgrund der Tatsache, daß ich einen Freund, eine Frau, eine Familie habe, damit ein starkes Gegengewicht gegen die Gefährdung des Ausbrennens zu haben, ist ein Trugschluß. Wenn sich in diesen Beziehungen das wiederholt, was ich von Arbeitsbereichen kenne, kann es sehr schnell passieren, daß gerade diese Beziehungen zu einer zusätzlichen Quelle des Ausbrennens werden. Wenn ich aber wirklich in diesen Beziehungen lebe, das aber heißt, diese Beziehungen pflege, emotional großenteils darin aufgehe, es mich *dahin* zieht, ich *dort* mein Zuhause habe, dann habe ich in meinen Freundschaften, meiner Ehe, meiner Familie, meiner Gemeinschaft einen Hort gefunden, der vor den Anforderungen aus der Welt, der Leistung, des Funktionierenmüssens bestehen kann. Dann zieht es mich nicht *mehr* zur Arbeit – so wichtig mir die Arbeit ist. Dann bin ich bereit, um das nicht zu gefährden, was mir kostbar ist, was mir letztlich alles bedeutet, Einschnitte im Bereich der Arbeit hinzunehmen, auch wenn es mir weh tut. Vermutlich wird mir das erst gelingen, wenn ich wirklich mit Leib und Seele, aus der Tiefe meines Seins heraus, erkannt habe, was Liebe, was Freundschaft bedeutet. Der Philosoph Paul K. Feyerabend (1994,I) bedurfte dazu ein ganzes Leben. Erst wenige Wochen vor seinem Tod kam er zu der Erkenntnis: „Heute scheint es mir, daß Liebe und Freundschaft die wichtigste Rolle im Leben spielen und daß ohne sie selbst die höchsten Errungenschaften blaß, leer und gefährlich bleiben".

Ich selbst nehme bei mir wahr, wenn ich mir zuviel Arbeit aufgeladen habe und deswegen weniger zu Hause bin, daß ich Angst davor habe, folgender Satz meiner Kinder könnte ausbleiben: „Papi, spiel mit mir!" Denn wenn die Kinder das

nicht mehr fragen, weil sie ständig gefrustet, es aufgegeben haben, spätestens dann stimmt die Balance von Liebe und Arbeit nicht mehr.
„Sein Leben war Arbeit“ – liest man bisweilen in Todesanzeigen. Aber noch nie fand ich eine Anzeige in der es hieß, daß seine Arbeit Leben war (vgl. Abel 1995). Er hat sein ganzes Leben lang gearbeitet. Genau das könnte am Ende eines Ochsens auch bilanziert werden.
Wie heißt es doch bei Eugen Roth:

„Ein Mensch sagt – und ist stolz darauf –
er geh' in seinen Pflichten auf.
Bald aber, nicht mehr ganz so munter,
geht er in seinen Pflichten unter.“

Henry David Thoreau (1979,193), der über ein Jahr lang in einem kleinen Häuschen im Wald lebte, sagt von sich: “...ich war reich, wenn auch nicht an Geld, so doch an sonnigen Stunden und Sonnentagen, ich gab sie aus mit offener Hand. Auch bedauere ich nicht, daß ich nicht mehr von ihnen auf dem Katheder und in der Werkstatt verschwendete“. Weiter meint er: „Die Kinder, die das Leben *spielen*, erfassen seine wahren Gesetze und Beziehungen richtiger als die Erwachsenen, die nicht fertigbringen, es würdig zu leben, sich aber durch Erfahrung, das heißt: das Fehlschlagen ihrer Pläne, für weiter halten“.
Bei der Gestaltung des Alltags ist es aber wichtig, dafür Sorge zu tragen, daß der privaten Welt, den persönlichen Bedürfnissen, der Seite, die mit Beziehung, Lust, Freude, Entspannung, Ästhetik, Kultur, Freizeit etwas zu tun hat, genügend Platz eingeräumt wird. Wenn diese Seite immer mehr eingeschränkt wird zugunsten der Leistungsseite, des Daseins für andere, ist ein Ausbrennen vorprogrammiert.

Persönliche Beziehungen werden vielfach als der königliche Weg gegen die Gefährdung des Ausbrennens beschrieben. Das soziale Netzwerk und darin eingebunden soziale Unterstützungssystem Partner und Familie, Verwandte, Nachbarn, Freunde und Bekannte – wie auch Unterstützung bietende Systeme am Arbeitsplatz – Gespräch und Supervisionsgruppen, Teamgespräche, kollegiale Beratung – haben sich als eine hervorragende Hilfe erwiesen (vgl. Abel 1994). Soziale Unterstützung, so Peter Abel, „beruht einerseits auf zwischenmenschlichen Beziehungen, die Wärme, Hilfe und Beistand in praktischen Fragen gewähren, andererseits wird der sozialen Unterstützung eine Pufferfunktion für persönliche Notfälle zugeschrieben. Dann federt diese entweder ein Problem ganz ab oder vermindert es. Soziale Unterstützung gibt es für gute wie für schlechte Tage. Die Anspielung an die Ehe macht bereits deutlich: Soziale Unterstützung gewähren Mitmenschen, auf die ich mich verlassen kann, die mir Nähe geben, die grundlegende Bedürfnisse befriedigen, die auch in Zeiten der Belastung Stütze sind. Sie helfen im Alltag, in Streßsituationen wie auch in den Übergängen des Lebens“.

9. Institutionell bedingte Gründe für inneres Ausbrennen

Strukturen, Institutionen können eine ganz entscheidende Ursache für das Ausbrennen sein. Hier wirksam etwas verändern zu können, ist mühsam, fast, so scheint es manchmal, aussichtslos. Ich will lediglich zwei Bereiche herausgreifen, um das zu verdeutlichen.

Es ist zum Teil unfaßbar, welch menschlicher Raubau im klinischen und im kirchlichen Bereich mit Mitarbeitern und Mitarbeiterinnen betrieben wird. Gerade Einrichtungen, denen es in besonderer Weise um das Wohlergehen des Menschen geht, sind zum Teil, man muß schon sagen, einer Ideologie, einem Denken, und dann auch einem Verhalten verfallen, das sich, so hart das klingt, als menschenverachtend erweist. Der normale Rhythmus des Lebens, den man nicht ungestraft auf Dauer außer Kraft setzen kann, wird dabei brutal übergangen.

Ordensfrauen, von denen an sieben Tagen in der Woche Dienst erwartet wird, Ärzte, die sechzehn Stunden hintereinander im Einsatz sind, Krankenschwestern, die Tag ein Tag aus viele Rollen auf einmal wahrnehmen müssen: die Seelsorgerin, die Pflegerin, die Vertraute. Sie müssen oft das emotionale Defizit vieler Ärzte ausgleichen, für dieses und jenes herhalten und sind ständig dem Vorwurf ausgesetzt, sich nicht genügend um die Patienten zu kümmern – und das alles für einen nicht immer sehr attraktiven Lohn und oft wenig Anerkennung. „Gerade Angehörige psychosozialer Berufe klagen über die Überbelastung, weil sie entweder ihr nicht ausweichen können oder deren Sinn nicht einsehen. Im Gespräch mit Pflegenden“, berichtet Peter Abel, „waren diese immer wieder empört – weniger über die Kontakte zu den Kranken, sondern über den zunehmenden Papierkram, der gar nicht zu ihrer ursprünglichen Tätigkeit dazugehört. Vor allem in großen sozialen Organisationen wie Krankenhäusern wird durch die bürokratische Kontrolle die persönliche Freiheit und Gestaltungsmöglichkeit als eingeschränkt erlebt".

Die fehlende Möglichkeit, die Tätigkeit abwechslungsreich und anregend zu gestalten und selbständig kontrollieren zu können, ist eine weitere Ursache für inneres Ausbrennen, meint Peter Abel weiter. Arbeitsplatzspezifisch ist weiterhin, so Peter Abel, die Art und Weise des Klientenkontaktes: vielfältige und abwechslungsreiche Kontakte – und diese sind zum Beispiel in der Seelsorge und auch im Krankenhausbereich die Regel – werden als weniger beanspruchend erlebt als einseitige Kontakte zu Kranken, Bedürftigen oder Außenseitern. Schließlich tragen unklare Rollenerwartungen wie auch Rollenunklarheiten zum Ausbrennen bei. Bezahlung – wie auch unregelmäßige Arbeitszeiten, fehlende Aufstiegsmöglichkeiten oder ein schlecht ausgestatteter Arbeitsplatz – spielen zunächst nur eine untergeordnete Rolle beim Ausbrennen, solange die Tätigkeit als mit der eigenen Erwartung stimmig erlebt wird, solange die Möglichkeit zu Verantwortung, Leistung und Anerkennung gegeben ist und zur Arbeitszufriedenheit beiträgt. Kommen allerdings diese tätigkeitsbezogenen Aspekte nicht mehr zum Tragen, so wird die Unzufriedenheit über die anfangs gern in Kauf genommenen Unannehmlichkeiten um so größer. Das kann man zum Beispiel bei Pflegeberufen wie Krankenschwestern oder bei kirchlichen Berufen wie dem der Gemeindereferenten/innen beobachten.

Ich will mich hier nicht in Details verlieren und lediglich noch einmal den Gedanken aufgreifen, daß der normale Lebensrhythmus sich auf Dauer nicht unterbrechen läßt. Es ist kein Zufall, daß gerade auch Menschen, die in einem helfenden Beruf tätig sind, Probleme mit ihrem Herzen haben – körperlich und psychisch, bis dahin, daß das Herz plötzlich still steht, nicht mehr mit macht. Einrichtungen und Regelungen aber, die darauf hinauslaufen, daß Menschen auf Dauer dem von ihrem Herzen vorgegebenen Rhythmus nicht länger folgen können, mit dem Ergebnis, daß sie an Leib und Seele krank werden, die also krank machen und letztlich todbringend sind, gilt es als solche zu entlarven, auch dann, wenn, so scheint es, edle Motive, hohe Autoritäten, gar religiöse Ziele dahinterstehen. Wer von Menschen etwas verlangt und erwartet, das mit dem Rhythmus des Herzens nicht in Einklang zu bringen ist, wendet sich direkt gegen das Herz des Menschen, seine Mitte, wird zu seinem Feind – mag er sich auch im Gewand des Heilbringers, des Retters, gar des Heiligen repräsentieren. Und als solcher, nämlich als Feind, gilt er behandelt zu werden – zum eigenen Schutz, um des eigenen Überlebens willen, des eigenen Lebens wegen.

Große Einrichtungen werden oft als ungeheuer erlebt, mit verstecktem Spott belegt. Darin drückt sich oft auch die Ohnmacht aus, die man gegenüber diesen Einrichtungen empfindet. „Viele Weichenstellungen des Arbeitslebens unterliegen also weder der Entscheidung des einzelnen Helfers noch der Kooperation im Team, sondern müssen auf Institutionsebene vorgenommen und dann vertreten werden. Solche Regelungen kosten in der Regel Zeit und Geld und vermehrten Organisationsaufwand. Wer in diesem Bereich also an Innovationen denkt, sollte zunächst prüfen, ob hier Spielräume existieren oder entwickelt werden können“ (Fengler 1992, 219).

10. Eine ständige Gratwanderung: Das rechte Verhältnis von Nähe und Distanz

Die Kunst, sich gut zu sein, steht in einem engen Zusammenhang mit der Fähigkeit, im Arbeitsbereich ein ausbalanciertes Verhältnis von Nähe und Distanz zu erlangen. Hier wird deutlich, wie wichtig das Eingebundensein in eine insgesamt zufriedenstellende emotionale Beziehung außerhalb des Arbeitsbereiches ist. Dort können meine emotionalen Grundbedürfnisse befriedigt, zum Ausdruck gebracht, gelebt werden. Nicht alle und nicht ganz. Das ist auch nicht notwendig. Ja es ist sogar wünschenswert, daß darüberhinaus zum Beispiel bei meiner Arbeit auch ein Teil meiner emotionalen Bedürfnisse zum Zuge kommt. Hier geht es nur darum, in meiner Arbeit das rechte Maß dafür zu finden. Ein Maß, das dem, für den ich da bin *und* mir gleichermaßen gerecht wird. So wird es für jemanden, der im helfenden Beruf tätig ist, sei es als Krankenschwester, Sozialarbeiter, Seelsorger oder Arzt, gleichsam eine Voraussetzung sein, daß ihm der andere Mensch, für den er da ist, etwas bedeutet, er sich auf ihn einläßt, versucht ihn zu verstehen, ihn dessen Not berührt – wobei hier schon viele Halt machen, geschweige denn, daß sie zulassen, Mitleid für den anderen zu empfinden oder gar wirklich mit ihm zu leiden.

Hier bin ich an einem Punkt angelangt, wo es nicht so einfach ist, zu sagen, was jetzt sozusagen noch richtig ist und es wichtig ist, die genauen Umstände, die Aufgabe, die mir zukommt und meine persönliche Situation miteinzubeziehen. Es geht um eine ausgewogene Balance zwischen Nähe und Distanz gegenüber dem Menschen, für den ich da bin. Übermäßige innere Beteiligung,

Mitleiden, die „Ungeduld des Herzens" wie es Stefan Zweig formuliert (vgl. Abel 1994,127), können zum Verlust meiner helfenden Kompetenz führen. Sie können dazu beitragen, daß ich meinen Pol als Helferin verlasse, ich nicht länger in der Lage bin, für die andere dazusein, ihr das zu geben, was von mir als Arzt, Seelsorger, Therapeut, Krankenschwester, Sozialarbeiter von meiner jeweiligen Aufgabenstellung her auch erwartet wird. Auf der anderen Seite kann eine übermäßige Distanzierung zu einer Ent-Menschlichung der Beziehung zu dem Menschen führen, für den ich da sein will. Ziel ist hier eine Beherrschung der jeweiligen Kompetenz „in Verbindung mit einem lebendigen menschlichen Interesse an der anderen Person. Hierin die dem Klienten und der eigenen Person gemäßen Form zu finden, ist lebenslange Aufgabe aller Helferinnen und Helfer" (Fengler 1991,31).

Solange der Helfer nicht die richtige Balance findet, wird diese Unausgeglichenheit immer wieder zum Gefahrenpunkt für die Entwicklung inneren Ausbrennens werden. Dieser Gefahr wird man als Helfer allerdings nie ganz entrinnen können. Denn solange ich offen bin für eine lebendige Beziehung zu dem Menschen, für den ich da bin, solange bin und bleibe ich anfälliger, ja auch gefährdet für die Entwicklung von psychischen Prozessen, die zum emotionalen Ausbrennen führen können. Doch allein schon die Tatsache, daß ich um diese Gefährdung weiß, kann eine Hilfe sein, kann mich dafür sensibler machen, manche „Fußangeln, Gefährdungen und Fehlentwicklungen" (Fengler 1992,31) zu vermeiden.

Verliere ich als Helfer und Helferin die angemessene Balance zwischen Nähe und Distanz, sind Tür und Tor geöffnet für berufliche Deformationen, die im Beruf, aber auch im privaten Leben weitreichende Folgen haben können. Zuviel Nähe kann unter anderem dazu führen, daß ich in dem Menschen, für den ich da bin, nicht länger den anderen sehe. Das heißt, so sehr ich ihm menschlich offen, mit Empathie und Wohlwollen begegnen will, bleibt er der andere, muß und soll er es auch bleiben. Ich bin für *ihn* da und er nicht für mich. Darauf hat bereits Martin Buber aufmerksam gemacht, wenn er vom Lehrer, dem Therapeuten und dem Seelsorger sagt, daß sie um ihrer Wirksamkeit willen diese Einseitigkeit in der Beziehung nicht auflösen dürfen, um gleichsam auf die gleiche Ebene mit der anderen Person zu kommen. So meint er: „Heilen wie erziehen kann nur der gegenüber Lebende und auch Entrückte" (1984,132).

Ich muß mich, so sehr ich mich auf die äußere und innere Not der anderen Person einlasse und auch einlassen soll, immer wieder auf meinen Pol als Arzt, Seelsorger, Krankenschwester zurückziehen können. Ich bin dann wie durch ein unsichtbares Seil mit meiner Seite, für die ich stehe, verbunden, um mich, bevor ich mich im anderen verliere, rechtzeitig zurückziehen zu können. Ich bin nicht der Freund, der Partner, die Mutter, der Vater für den anderen. Ich bin es manchmal im übertragenen Sinne zum Beispiel als Psychotherapeut. Ich bin es aber nicht in dem Sinne, wie es im konkreten Leben der Fall ist. Ich lasse in den helfenden Begegnungen Empfindungen und Gefühle zu, die auch Menschen, die sich verstehen, die sich respektieren, ja lieben, zulassen. Aber ich lebe nicht meine väterlichen oder mütterlichen Gefühle, die ich sonst nicht ausleben kann, als mütterliche Gefühle in meinen helfenden Beziehungen aus. Genausowenig lebe ich meine erotischen und sexuellen Bedürfnisse, da sie zum Beispiel im privaten Leben zu kurz kommen, in den

helfenden Beziehungen aus. Wenn das geschieht, wird das Wasser trüb, vermischen sich Erwartungen, Abhängigkeiten, Bedürfnisse und werden zu einem Knäuel, der sehr bald nicht mehr durchschaubar ist und zur Verwirrung führt. Ganz abgesehen davon, daß der Boden für Überschreitungen geebnet wird. Daß hier ein hohes Potential an Streß vorliegt, das den Prozeß des Ausbrennens beschleunigen kann, ist offensichtlich.
Das gleiche gilt, wenn mein Bedürfnis, gebraucht zu werden, das Gefühl, nur dann wertvoll zu sein, wenn ich für andere da bin, dazu führt, daß ich anderen zuviel emotionale Nähe schenke, die nicht länger in einem gesunden Verhältnis zu dem steht, was für diesen Menschen notwendig, ja gut ist. In diesem Fall versuche ich – vergeblich – mein eigenes Loch zu stopfen und mißbrauche den anderen, um mich aufzubauen. Hier kann sich für jemanden im helfenden Beruf ein Faß ohne Boden auftun, ein ständiges Bemühen durch Hilfe, Engagement, Nähe, Anerkennung das Gefühl des Angenommenseins zu erfahren, um immer wieder die Erfahrung zu machen, daß dieses Gefühl, diese Erfahrung nicht anhält. Das führt dazu, daß ich mich immer mehr in den Dienst, den Einsatz für andere stürze, und der Teufelskreis sich fortsetzt, bis ich schließlich erschöpft wie ich bin, nicht mehr kann.

11. Berufliches Ausbrennen und seine Auswirkungen auf den privaten Bereich

In meiner Freundschaft und in meiner Partnerschaft bin ich nicht der Helfer in dem Sinne wie ich es in meinem Beruf bin. Ich bin es immer wieder auch, zugleich sind aber immer wieder auch einmal mein Partner oder mein Freund Helfer mir gegenüber. Wo ich das für mich nicht klar habe, bringe ich zusätzlich Streß in meine Beziehung, vermag ich nicht hinreichend genug zwischen dem, was für meinen Beruf angebracht ist und dem, was für meine private Beziehung angemessen ist, zu unterscheiden. Meine Beziehung vermag mir dann auf Dauer auch nicht das zu geben, was ich als Ausgleich benötige, um in meinem Dienst wieder für andere dasein zu können. In meinen privaten Beziehungen und Freundschaften muß auch ich die Erfahrung machen dürfen, daß jemand für mich da ist, ich mich fallen lassen darf, ich nicht nur funktionieren, bestehen, Erwartungen gerecht werden muß – jedenfalls nicht in der Weise wie das für meinen Dienst und meine Arbeit typisch ist.

Ich werde als Helfer und Helferin natürlich auch in meinen privaten Beziehungen immer mich mitnehmen, damit auch meinen beruflichen Hintergrund, meine Weise zu reagieren und auf Menschen und Dinge einzugehen. Ich kann dies nicht einfach ablegen. In einem gewissen Ausmaß ist das auch so in Ordnung und es ist einfach so. Unausstehlich wird es, wenn meine berufliche Art und Weise Menschen zu begegnen, ohne Berücksichtigung und Würdigung des anderen Kontextes übernommen wird. Wenn zum Beispiel mein pastoraler Umgang, den ich als Pastoralreferent, Gemeindereferentin oder Ordensfrau gegenüber den Menschen pflege, für die ich da bin, genau die Art und Weise ist, mit der ich meinem Partner, meiner Freundin, meinen Mitschwestern begegne, dann kann das als ein Verhalten gesehen und gewertet werden, das man mit Recht ablehnt, da es den anderen auf Distanz hält, die wahrhaft persönliche Begegnung, um die es bei einer Partnerschaft geht, letztlich verunmöglicht. Auch kann ich als Psychotherapeut in meiner Beziehung zu meiner Frau und zu meinen Kindern nicht ständig die einfühlungsvolle Haltung zum Ausdruck bringen, die in der Begegnung mit dem ratsuchenden Menschen von mir erwartet werden kann. Abgesehen davon, daß *ich* dann nicht auf meine Kosten komme, wird sich meine Ehefrau bedanken, auf Dauer mit jemanden leben zu müssen, der sie nur versteht, mit dem sie nicht auch einmal streiten, diskutieren und von dem sie auch etwas fordern kann.

12. Sich gut sein als Barmherzigkeit gegenüber sich selbst üben

Ich hatte zu Beginn das Bild von dem alten Mann eingeführt, der sich auf dem Rücken des Mitleidenden festkrallt, und gesagt, daß dieses garstige Männlein wir selbst sein können. Es kann die Seiten und Kräfte in uns repräsentieren, die wir zwar oft spüren, schmerzvoll erfahren, aber nicht zu Gesicht bekommen. Manchmal ziehen wir es auch vor, sie zu übersehen, zum einen, weil es zu weh tut, zum anderen, weil es vielleicht auch leichter ist, Gott und die Welt oder dieses und jenes für meine Misere verantwortlich zu machen. Will ich daher wirklich meine Situation verändern, zumindest soweit es von mir abhängt, muß ich den Blick auf dieses Hucke-Pack-Männlein aushalten, mir dabei selbst ins Gesicht schauend, und, auch wenn es mir schwer fällt, dazu stehen, daß ich es selbst bin, der sich da quält.

Denn, soll es uns wirklich gelingen, uns gut zu sein, dann muß der Sklavenhalter in uns mitspielen. Dazu bedarf es aber in der Tat einer Kunst, einer Fertigkeit, die nicht wenige überfordern dürfte. Entscheidend ist zunächst einmal, daß wir um diesen Sklavenhalter in uns wissen, wir darum wissen, daß es Kräfte, Strebungen, Einflüsse in uns gibt, die uns schaden, die, überlassen wir ihnen das Feld, unser Bemühen, uns gut zu sein, vereiteln. Solange wir nicht um sie wissen, oder so tun, als gäbe es sie nicht, mögen wir immer wieder gute Vorsätze fassen, diese zum Teil auch umsetzen, um schließlich wieder von den Machenschaften unseres eigenen Sklavenhalters eingeholt zu werden. Wir bemühen uns dann umsonst.

Bin ich mir aber bewußt, daß andere, sehr einflußreiche Kräfte, für mein Tun und Verhalten, für meine Einstellungen oder wie ich mich erlebe, verantwortlich sind, dann nehme ich das immerhin zur Kenntnis und rechne damit. Es leuchtet mir dann ein, daß sich wenig verändert in meinem Verhalten, solange ich nicht auf diese Kräfte und Einflüsse einwirke.

Wenn destruktive Kräfte *in mir selbst* die eigentliche Ursache für das Ausbrennen sind, sie mich immer wieder in Gefahr bringen, mich zu verausgaben, mit mir Schindluder treiben, dann nützen äußerlich vorgenommene Vorkehrungen, Pausen, klare Absprachen und derlei mehr nur bedingt. Dann bedarf es einer intensiven Auseinandersetzung mit mir selbst, wie es zum Beispiel durch eine intensive Begleitung oder Psychotherapie möglich ist. Bevor jemand zu diesem Schritt bereit ist, vergeht oft viel Zeit, bis der Punkt erreicht ist, und die innere Situation sich so zugespitzt hat, daß man für sich kaum eine andere Möglichkeit mehr sieht. Dazu kommt, daß es ja nicht einfach ist, sich zuzugestehen, daß man der Hilfe, mitunter gar der professionellen Hilfe bedarf. Das liegt auch daran, daß den Weg der Therapie zu beschreiten, mit Angst besetzt ist, so sehr damit auch die Hoffnung verbunden ist, aus der gegenwärtigen Situation herauszukommen. Es ist ein Weg, der mich zur Herausforderung mit mir selbst einlädt, es darum geht, daß ich mich mir selbst stelle. Und da gilt, was Martin Heidegger sagt: Der „Weg zum Nahen ist für uns Menschen jederzeit der weiteste und schwerste". Und es ist in der Tat kein harmloses Spiel, so Hermann Stenger (1985,158), in der Psychotherapie „von dem menschlichen Privileg Gebrauch zu machen, sich selbst gegenüber zu treten, um sich unvoreingenommen wahrzunehmen. Sich zu sehen, mit all den 'guten' Seiten, aber auch mit den dunklen, unheimlichen Kräften, die da am Werk sind".

Und eine oft stark ausgeprägte Seite dieser dunklen Kräfte ist jener Strang in uns, der sich gegen uns selbst richtet. Es sind die Schläge, die wir uns selbst austeilen. Es ist die Verachtung und Mißachtung unserer selbst. Es ist die verweigerte Annahme unserer selbst. Hier ist nach meinen Erfahrungen als Psychotherapeut eine der wesentlichen Gründe für psychische Probleme zu suchen. Und ich meine gerade auch bei Menschen im helfenden Beruf ein besonders großes Ausmaß an verweigerter Selbstannahme feststellen zu können. Wer sich aber selbst nichts gönnt, was sollte der anderen Gutes tun, fragt bereits Jesus Jerach im Alten Testament und der Psychologe Harry Stuck Sullivan meint: „Wir lieben andere in dem Ausmaß wie wir selbst fähig sind, uns zu lieben. Und wenn wir uns nicht selbst hochschätzen, dann vermögen wir auch andere nicht für liebenswert zu erachten".

Sich selbst gut zu sein, sich selbst anzunehmen, sich selbst zu lieben, das kann zum Schwierigsten gehören, was einem Menschen jemals aufgetragen ist. Sehr eindrucksvoll beschreibt das Carl Gustav Jung (1971,367f.):

„Will ein Arzt einem Menschen helfen, so muß er ihn in seinem So-Sein annehmen können. Er kann es aber nur dann wirklich tun, wenn er zuvor sich selber in seinem So-Sein angenommen hat. Das klingt vielleicht sehr einfach. Das Einfache ist aber immer das Schwierigste. In Wirklichkeit ist nämlich Einfachsein höchste Kunst, und so ist das Sich-selbst-Annehmen der Inbegriff des moralischen Problems und der Kern einer ganzen Weltanschauung. Daß ich den Bettler bewirte, daß ich dem Beleidiger vergebe, daß ich den Feind sogar liebe im Namen Christi, ist unzweifelhaft wohltuend. Was ich dem Geringsten unter meinen Brüdern tue, das habe ich Christus getan. Wenn ich aber nun entdecken sollte, daß der Frechste aller Beleidiger, der das Sein selber in mir ist, ja daß ich selber des Almosens meiner Güte bedarf, daß ich mir selbst der zu Liebende fremd bin, was dann? Dann dreht sich in der Regel die ganze christliche Wahrheit um, dann gibt es keine Liebe und Geduld mehr, dann sagen wir zum Bruder in uns 'Racha`, dann verurteilen wir und wüten gegen uns selbst. Nach außen verbergen wir es, wir leugnen es ab, diesem Geringsten in uns je begegnet zu sein, und sollte Gott selber es sein, der in solch verächtlicher Gestalt an uns herantritt, so hätten wir ihn tausendmal verleugnet, noch ehe überhaupt ein Hahn gekräht hätte. Wer mit Hilfe der modernen Psychologie nicht nur hinter die Kulissen seiner Patienten, sondern vor allem hinter seine eigenen geblickt hat, der muß gestehen, daß es das Allerschwierigste, ja das Unmögliche ist, sich selber in seinem erbärmlichen So-Sein anzunehmen. Schon der bloße Gedanke daran kann einen in Angstschweiß versetzen, deshalb zieht man mit Vergnügen und ohne Zögern das Komplizierte vor, nämlich das Nichtwissen um sich selbst und die geschäftige Bekümmerung um andere und andere Schwierigkeiten und Sünden."

Von der Kunst sich gut zu sein – ich glaube es ist deutlich geworden, daß der königliche Weg, zugleich aber auch der am schwierigsten zu bewältigende Weg der der Annahme meiner selbst ist.

Das deutsche Wort 'versöhnen` kommt von 'versühnen` und das mittelhochdeutsche suene meint Versöhnung, Schlichtung, Frieden, Kuß. „Sich versöhnen mit sich selbst heißt also von der deutschen Sprachgeschichte her: Frieden stiften mit sich selbst, den Streit zwischen den verschiedenen sich bekämpfenden Gedanken und Wünschen schlichten, die aufgebrachte Seele beruhigen, alles, was in einem ist, küssen: also gut mit sich umgehen, liebevoll, zärtlich" (Grün 1995). Wer jemals erfahren hat, wie wohltuend ein Kuß sein kann – und ich hoffe es sind alle, die das erfahren haben –, der und die wissen, ja haben es immer wieder erfahren, wie sehr ein solcher Kuß Leib und Seele nähren kann, mich aufblühen läßt. Und wie ich den Menschen, den ich küsse, mit meinem Kuß bestärke, ihm meine Liebe und Zuneigung zum Ausdruck bringe, so sage ich ja zu mir selbst, bejahe ich mich selbst, nehme ich mich an, wenn ich all das, was ich bin und in mir ist, küsse.

13. Ich tue mir Gutes, wenn ich anderen Gutes tue

Thomas Merton (1951,42) vergleicht einmal die Heiligen mit den Ärzten und Pflegerinnen. Ärzte und Pflegerinnen sind den Kranken „wohl darin überlegen..., daß sie gesund sind und sie zu heilen vermögen, sich aber gleichwohl zu Dienern der Kranken machen und ihnen ihre eigene Gesundheit und Heilkunst widmen". Bei den Heiligen kann es nicht darum gehen, daß sie durch ihre Heiligkeit Bewunderung durch andere erfahren. Vielmehr soll sie ihre Heiligkeit befähigen den anderen zu bewundern.

Wird hier nicht etwas zurechtgerückt, was zurechtgerückt gehört, wieder auf die Ebene gebracht wird, auf die es ursprünglich hingehört? Wieviele Männer und Frauen im helfenden Beruf, seien sie Seelsorger, Ärzte oder Psychologen haben nicht längst hinter sich gelassen, wofür sie eigentlich da sind: Diener und Dienerin für die in Not Befindlichen zu sein, ihnen ihre Heilkunst, ihre Aufmerksamkeit, ihr lebendiges Interesse zu widmen und zu schenken. Stattdessen sind sie lediglich daran interessiert oder vor allem daran interessiert, Aufmerksamkeit, Interesse, Bewunderung für sich selbst zu erhaschen. Der berühmte Professor, der vor lauter Forschung, Veröffentlichungen, Teilnahme an Kongressen – natürlich im Dienst am kranken Menschen, wehe wer anderes denkt – keine Zeit mehr hat für die unmittelbare, direkte, ganz einfache, menschliche Begegnung mit der Person, für die er zuallererst da ist. Der hochgeachtete Psychotherapeut, der, weil es ja niemand so gut kann wie er, einen Klienten nach dem anderen durchschleust, ohne zu merken oder sich zuzugestehen, wie schal sein Einfühlungsvermögen geworden ist, wie aufgesetzt seine Wärme wirkt, wie im Grunde genommen jedes zusätzliche Gespräch für ihn lästig ist. Er hat längst aufgehört, wirklich mit dem Herzen dabeizusein, was von ihm erwartet werden darf. Er benutzt seine Klienten für die Aufrechterhaltung seines Ego, braucht sie, ihre Bewunderung, für sich, statt daß er für sie, wirklich für sie da ist, seine Spontanität, seine Akzeptanz, seine Bewunderungsfähigkeit, seine Bereitschaft zur Offenheit, in den Dienst für sie stellt. Der Seelsorger, dem der Ruf vorausgeht, besonders einfühlend zu sein, immer die richtigen Worte zu finden, und dabei sogar noch auf eine moderne Weise fromm zu sein, und der damit schon fast in den Verdacht eines heiligmäßigen Lebens gerät, läuft Gefahr, so sehr diesem Bild gerecht werden zu wollen, daß er seinen Auftrag vergißt, nämlich: die Heiligkeit im anderen zu wecken und zu entdecken.

Ich bin überzeugt, daß jene, die so hoch hinauswollen, gut daran täten, sich etwas Gutes tun würden, wenn sie ihre eigentliche Sinnerfüllung wieder mehr fest machen würden an dem, wofür sie eigentlich da sind, und das ist die unmittelbare Begegnung und Auseinandersetzung mit dem ganz konkreten Menschen. Dann bleibt immer noch viel Zeit für all das andere, das auch sein soll, das ja auch wichtig ist, das aber nicht auf einmal wichtiger werden darf als diese unmittelbare Begegnung mit den Menschen, für die ich da bin und da sein will. Diese Unmittelbarkeit in der Begegnung, dieses wirkliche Festmachen meines Seins und Tuns, meiner Tätigkeit, an dem konkreten Menschen, erdet mich. Sie schützt mich davor, daß ich abhebe, mit dem Ergebnis, daß ich immer beziehungsloser werde, aus meinen Sehnsüchten Süchte werden, denen ich verfalle und die mich immer mehr wegbringen von dem, was mich wirklich hält und trägt. Manchmal denke ich, wenn manche Mitmenschen, die meinen, etwas Besonderes zu sein oder werden zu müssen, wie auf Stelzen vor anderen herumstelzen, statt auf ihren eigenen zwei Beinen zu gehen, sich etwas Gutes täten, wenn sie folgenden Ausspruch beherzigen würden, den bereits vor einigen hundert Jahren Montaignes machte: „Doch wir mögen noch so sehr auf Stelzen steigen, auch auf Stelzen müssen wir mit unseren Beinen gehen. Und auf dem höchsten Thron der Welt sitzen wir doch nur auf unserem Hintern". Ja, es geht etwas sehr Beruhigendes und Entspannendes davon aus und damit etwas, das uns gut tut, wenn man in der Lage ist, sich immer wieder einmal zu sagen und das dann auch im Tiefsten zu glauben: „Nimm Dich nicht so wichtig".

Der tibetische Buddhismus hat „den Buddha in einen Bodhisattwa, einen Fremderlöser, einen Heiland, umgedeutet. Bodhisattwas, die ihren Eingang in Nerwana um der Erlösungsbedürftigen willen verzögern, personifizieren „metta", ein umfassendes Mit-Gefühl" (Lütkehaus 1994,28). Ist das nicht ein schöner Gedanke: der Helfer, der seine eigene Erlösung nicht preisgibt, der auf seine eigene Verwirklichung nicht verzichtet, aber bereit ist, jenen zuliebe, die seiner Hilfe bedürfen, die eigene Erlösung, Verwirklichung hinauszuzögern. Anders gesagt, statt an meinem Ruhm, meiner Anerkennung, meiner Heiligkeit zu arbeiten, sie möglichst schnell, auf direktem Weg erlangen zu wollen, im Blick auf den anderen, weil er, sie mir etwas bedeuten, die Erlangung dieser Ziele hinauszuzögern. Um dann vielleicht die Erfahrung zu machen, erst dadurch, durch die Ablenkungen, gleichsam als Nebenprodukt die erwünschten und ersehnten Ziele zu erreichen. Wie jener Professor für Ethik und Moral, den immer wieder hilfesuchende Menschen bei seinem Studium unterbrachen und der am Ende seines Lebens feststellte, daß es genau jene Unterbrechungen waren, die er als die wertvollsten und sinnvollsten Stunden in seinem Leben erfahren durfte.

14. Im Boden verwurzelt und zum Himmel ausgestreckt

Alexander Lowen, Psychologe und Begründer der Bioenergetik, vergleicht den psychisch gesunden Menschen mit einem Baum, der tief in den Boden verwurzelt ist und seine Äste weit ausladend dem Himmel entgegenstreckt. In religiöser Sprache drückt das gleiche der Trappist und Mystiker Thomas Merton (1951) aus, wenn er sagt: „Dieser Baum da singt das Lob Gottes, indem er seine Wurzeln im Erdreich ausbreitet und seine Äste in die Luft und das Licht erhebt auf eine Weise, wie es kein anderer Baum vor oder nach ihm je getan hat oder tun wird".

Damit möchte ich auf einen Bereich zu sprechen kommen, der bisher nur am Rande zur Sprache gekommen ist, obwohl ihm meiner Überzeugung nach eine zentrale Bedeutung zukommt. Es ist der Bereich, der mit dem Himmel zu tun hat, vor allem aber mit unserer Offenheit für den Bereich, die Dimension, die für den Himmel steht.

Die Kunst zu beherrschen, mir gut zu sein, hat viel zu tun mit Rücksicht auf unsere körperlichen Bedürfnisse; dem Ernstnehmen unseres psychischen Verlangens und Sehnens; der Fähigkeit, sich mit gesellschaftlichen und sozialen Gegebenheiten auseinanderzusetzen und sie so zu gestalten, daß sie zum Wohle des einzelnen beitragen. Die Möglichkeit mir gut zu sein, würde aber gestutzt werden, ja uns würde eine ganz entscheidende Dimension, die uns gut tun kann, vorenthalten, würden wir uns der Dimension von oben verschließen.

Und wenn wir tief in unser Herz hineinhören und wenn wir wirklich auf das hören, was das Innerste der Menschen, mit denen wir leben und arbeiten spricht, dann werden wir manchmal als Flüstern, dann unüberhörbar als Schrei eine Sehnsucht registrieren und spüren, die nach etwas verlangt, das trägt und das hält, die Sehnsucht in einer chaotischen Welt einen Halt, eine Orientierung, einen Sinn zu finden.

Es ist ein Verlangen, ein Sehnen, das von all dem Glück auf Erden, von all dem, was einem sonst noch gut tut, nicht abgedeckt, gestillt werden kann. Damit soll all das, was zu diesem sogenannten irdischen Glück beiträgt, nicht relativiert werden, wie etwa die Pflege meiner Gesundheit und meines Leibes; ein gesundes Selbstwertgefühl; erfüllende Beziehungen; die Erfahrung von Liebe, von sexueller Intimität und von Ekstase; die Freude über Erfolg; kindliche Ausgelassenheit und Befriedigung, die von Kreativität und Schaffenskraft ausgehen kann, oder auch die Erfahrung von Entspannung und Lust. Sie alle gehören zum Leben, zum ganzen Leben. Zum ganzen Leben gehört aber auch das Eingewobensein, in Kontakt, in Beziehung sein mit dem, was über uns hinausweist. Etwas, das uns wie die Äste eines Baumes nach oben strecken läßt, weil wir dort *die* Luft und *das* Leben zu erhalten hoffen, *die* Nahrung, *den* Segen, die wir, so spüren wir, brauchen, um ganz zu leben, um unseren Leib *und* unsere Seele nähren zu können.

Es ist erschreckend, daß unsere Gesellschaft und leider auch unsere Kirchen immer weniger in der Lage zu sein scheinen, diesem grundsätzlichen, existentiellen Verlangen und Sehnen in uns gerecht zu werden. Offensichtlich sind die Kirchen oft so sehr mit letztlich „nebensächlichen" theologischen und kirchlichen Problemen und Fragestellungen befaßt, daß sie diesen Schrei nach Sinn, Halt, dem, was uns zusammenhält, dem Unsichtbaren, das uns trägt, nicht länger vernehmen. Dabei wären gerade sie in dieser Situation gefordert, könnten gerade sie, wenn sie sich nicht so sehr in Trivialitäten und moralischer Enge verlieren würden, die Menschen auf Distanz gehen lassen, aus dem großen Schatz ihrer Glaubenserfahrung und Sinnerfahrung sehr wohl den Menschen von heute etwas von dem anbieten, wonach sie verlangen, ja sich sehnen. Etwas, das zu ihrem Wohl und zu ihrem Segen gereicht. Sie könnten der Ort sein, der es Menschen erlaubt und erleichtert, diese Sehnsucht nach dem, was uns trägt und hält, zuzulassen, zur Sprache zu bringen und wo sie verschüttet ist, neu zu entdecken. Sie könnten in den Menschen die Offenheit für das Geheimnis und das Geheimnisvolle wachhalten und der Ort sein, der dazu einlädt, mit dem Geheimnisvollen in Berührung zu kommen, sich davon berühren, ergreifen zu lassen. Sie würden damit auf eine ganz fundamentale Weise Menschen etwas Gutes tun, ihnen helfen, sich etwas Gutes zu tun, indem sie sich ihnen als Pfad und Weg anbieten, die zu DEM führen, DER allein gut ist und davon beseelt ist, bei uns einkehren zu dürfen, sein Gutsein in uns auszubreiten, um uns Gutes zu tun.“ (vgl. Müller 1995)

EPILOG

Den ganzen Tag warte ich auf Dich,
Während meine Kräfte sich verbluten
Im Gift unbeherrschter Aktivität...
Ich warte auf Dein Schweigen
und Deinen Frieden,
Die sie stillen und läutern sollen,
O mein Gott.
Du wirst meine Seele heilen,
Wann es Dir gefällt,
Denn ich habe auf Dich vertraut...
Ich will mich nicht länger mit den Gedanken
und Fragen quälen,
Die mich wie Dornen umringt haben:
Das ist eine Buße, die Du nicht von mir erforderst.
Du hast meine Seele
Für Deinen Frieden und Deine Stille erschaffen,
Aber sie ist zerrissen
Von der Unrast meines Tuns
und meiner Wünsche.
Den ganzen Tag ist mein Geist gekreuzigt
Von seinem eigenen Begehren
Nach Erfahrung, nach Einfällen,
nach Befriedigung.
Und ich besitze mein Haus nicht in Stille.
Aber ich bin für Deinen Frieden
erschaffen worden,
Und Du wirst mein Verlangen
Nach der Heiligkeit Deines tiefen Schweigens
Nicht verachten.
O mein Gott,
Du wirst mich nicht für immer
Dieser Trübsal überlassen,
Denn ich habe auf Dich vertraut,
Und ich will auf Deine Tröstung
In Frieden warten

Und ohne mich länger zu beklagen.
Dies Dir zur Ehre.
Ich bin froh, daß diese Blätter mich so zeigen,
Wie ich bin
Lärmend,
Voll von dem Getöse
Meiner Unvollkommenheiten
und Leidenschaften,
Und mit den weit offenen Wunden
Die meine Sünden
In mir zurückgelassen haben.
Voll von meiner eigenen Leere
Und dennoch
So zerstört mein Haus ist,
Du lebst darin!

Thomas Merton

LITERATUR

Peter Abel, Miteinander Leben und Hoffnung teilen – diakonische Pastoral mit Gruppen, Würzburg 1994

Peter Abel, Ausgebrannte Seelsorger, unveröffentlichtes Manuskript, geplante Veröffentlichung Mainz 1995.

Martin Buber, Das Dialogische Prinzip, Heidelberg 1984

Jörg Fengler, Helfen macht müde. Zur Analyse und Bewältigung von Burnout und beruflicher Deformation, München 1991

Paul K. Feyerabend, in: Joachim Jung, Ein Feind aller Zwänge, Süddeutsche Zeitung Nr. 87 1994

Anselm Grün, Gott suchen – sich selbst finden, in: Der Kreis, hrsg. vom Egbert-Gymnasium u.a., Münsterschwarzach 1992

Anselm Grün, Gut mit sich selbst umgehen, Mainz 1995

Carl Gustav Jung, Ges. Werke, Bd. XI: Zur Psychologie westlicher und östlicher Religion, Olten 1971

Sören Kierkegaard, in: Jürgen Busche (Hg.), „Was ihr den Geist der Zeiten heißt. Der Verführer Sören Kierkegaard, Königstein 1984

Alexander Lowen, Bioenergetik. Therapie der Seele durch Arbeit mit dem Körper, Hamburg 1993

Ludger Lütkehaus, Schöner meditieren. Wie der Buddhismus im esoterisch spiritualisierten Westen verhunzt wird, in: DIE ZEIT, Nr. 31 1994

William Menninger, Living in a troubled World, Kansas City 1967

Thomas Merton, Verheißungen der Stille, Einsiedeln 1951

Thomas Merton, Das Zeichen des Jonas, Einsiedeln 1954

Wunibald Müller, Die Ehre Gottes ist der lebendige Mensch. Selbstverwirklichung als Menschwerdung, Mainz 1995.

Joseph Ratzinger, Theologische Prinzipienlehre, München 1982

Hermann Stenger, Verwirklichung unter den Augen Gottes. Psyche und Gnade, Salzburg 1985

Henry David Thoreau, Walden oder das Leben in den Wäldern, Zürich 1979

MÜNSTERSCHWARZACHER KLEINSCHRIFTEN

Schriften zum geistlichen Leben ISSN 0171-6360

1	Grün, A., **Gebet und Selbsterkenntnis**	(1979) 56 S., DM	6,80
2	Doppelfeld, B., **Der Weg zu seinem Zelt**	(1979) 64 S., DM	7,80
3	Ruppert/Grün, **Christus im Bruder**	(1979) 56 S., DM	6,80
4	Hugger, P., **Meine Seele, preise den Herrn**	(1979) 84 S., DM	9,80
5	Louf, A., **Demut und Gehorsam**	(1979) 55 S., DM	6,80
6	Grün, A., **Der Umgang mit dem Bösen**	(1980) 84 S., DM	9,80
7	Grün, A., **Benedikt von Nursia**	(1979) 60 S., DM	6,80
8	Hugger, P., **Ein Psalmenlied, dem Herrn,** Teil 1	(1980) 72 S., DM	8,80
9	Hugger, P., **Ein Psalmenlied, dem Herrn,** Teil 2	(1980) 80 S., DM	9,80
10	Hugger, P., **Ein Psalmenlied, dem Herrn,** Teil 3	(1980) 80 S., DM	9,80
11	Grün, A., **Der Anspruch des Schweigens**	(1980) 72 S., DM	8,80
12	Schellenberger, B., **Einübung ins Spielen**	(1980) 52 S., DM	5,80
13	Grün, A., **Lebensmitte als geistliche Aufgabe**	(1980) 60 S., DM	6,80
14	Doppelfeld, B., **Höre – nimm an – erfülle**	(1981) 68 S., DM	7,80
15	Friedmann, E., **Mönche mitten in der Welt**	(1981) 76 S., DM	8,80
16	Grün, A., **Sehnsucht nach Gott**	(1982) 64 S., DM	7,80
17	Ruppert/Grün, **Bete und arbeite**	(1982) 80 S., DM	9,80
18	Lafrance, J., **Der Schrei des Gebetes**	(1983) 64 S., DM	7,80
19	Grün, A., **Einreden**	(1983) 78 S., DM	8,80
22	Grün, A., **Auf dem Wege**	(1983) 72 S., DM	8,80
23	Grün, A., **Fasten – Beten mit Leib und Seele**	(1984) 76 S., DM	8,80
25	Kreppold, G., **Die Bibel als Heilungsbuch**	(1985) 80 S., DM	9,80
26	Louf/Dufner, **Geistliche Vaterschaft**	(1984) 48 S., DM	5,80
28	Schmidt, M.-W., **Christus finden in den Menschen**	(1985) 48 S., DM	5,80
29	Grün/Reepen, **Heilendes Kirchenjahr**	(1985) 88 S., DM	10,80
30	Durrwell, F.-X., **Eucharistie – das österl. S.**	(1985) 76 S., DM	8,80
31	Doppelfeld, B., **Mission**	(1985) 62 S., DM	7,80
32	Grün, A., **Glauben als Umdeuten**	(1986) 68 S., DM	7,80
34	Bar, C. de, **Du hast Menschen an m. Weg gest.**	(1986) 56 S., DM	6,80
35	Kreppold, G., **Kranke Bäume – Kranke Seelen**	(1986) 80 S., DM	9,80
36	Grün, A., **Einswerden**	(1986) 80 S., DM	9,80
37	Community, B., **Regel für einen neuen Bruder**	(1986) 48 S., DM	5,80
39	Grün, A., **Dimensionen des Glaubens**	(1987) 80 S., DM	9,80
41	Domek, J., **Gott führt uns hinaus ins Weite**	(1987) 72 S., DM	8,80
44	Grün/Reitz, **Marienfeste**	(1987) 80 S., DM	9,80
45	Domek, J., **Segen – Quelle heilender Kraft**	(1988) 76 S., DM	8,80
46	Grün/Reepen, **Gebetsgebärden**	(1988) 72 S., DM	8,80
47	Kohlhaas, E., **Es singe das Leben**	(1988) 60 S., DM	6,80
50	Grün, A., **Chorgebet und Kontemplation**	(1988) 68 S., DM	7,80
51	Doppelfeld/Stahl, **Mit Maria auf dem Weg d. Gl.**	(1989) 68 S., DM	7,80
52	Grün, A., **Träume auf dem geistlichen Weg**	(1989) 68 S., DM	7,80
53	Kreppold, G., **Die Bergpredigt,** Teil 1	(1989) 88 S., DM	10,80
54	Kreppold, G., **Die Bergpredigt,** Teil 2	(1989) 72 S., DM	8,80

57	Grün/Dufner, **Gesundheit als geistl. Aufgabe**	(1989)	108 S.,	DM 12,80
58	Grün, A., **Ehelos – des Lebens wegen**	(1989)	88 S.,	DM 10,80
59	Staniloae, D., **Gebet und Heiligkeit**	(1990)	48 S.,	DM 5,80
60	Grün, A., **Gebet als Begegnung**	(1990)	88 S.,	DM 10,80
61	Doppelfeld, B., **Mission als Austausch**	(1990)	72 S.,	DM 8,80
62	Abeln/Kner, **Kein Weg im Leben ist vergebens**	(1990)	56 S.,	DM 6,80
63	Faricy/Wicks, **Jesus betrachten**	(1990)	40 S.,	DM 5,80
64	Grün, A., **Eucharistie und Selbstwerdung**	(1990)	94 S.,	DM 10,80
65	Doppelfeld, B., **Ein Gott aller Menschen**	(1991)	80 S.,	DM 9,80
66	Abeln/Kner, **Wie werde ich fertig m.m. Alter?**	(1992)	76 S.,	DM 8,80
67	Grün, A., **Geistl. Begleitung bei d.Wüstenv.**	(1992)	100 S.,	DM 11,80
68	Grün, A., **Tiefenpsycholog. Schriftauslegung**	(1992)	108 S.,	DM 12,80
69	Doppelfeld, B., **Symbole,** Teil 1	(1993)	112 S.,	DM 12,80
70	Doppelfeld, B., **Symbole,** Teil 2	(1993)	100 S.,	DM 11,80
71	Grün, A., **Bilder von Verwandlung**	(1993)	100 S.,	DM 11,80
72	Simons, G. F., **Religiöse Erfahrung,** Teil 1	(1993)	100 S.,	DM 11,80
73	Müller, W., **Meine Seele weint**	(1993)	68 S.,	DM 7,80
74	McDonnell, K., **Die Flamme neu entfachen**	(1993)	44 S.,	DM 5,80
75	Alphonso, H., **Die Persönliche Erfahrung**	(1993)	70 S.,	DM 8,80
76	Grün/Riedl, **Mystik und Eros**	(1993)	114 S.,	DM 12,80
77	Ziegler, G., **Der Weg zur Lebendigkeit**	(1993)	76 S.,	DM 8,80
78	Doppelfeld, B., **Symbole,** Teil 3	(1993)	88 S.,	DM 9,80
79	Ruppert, F., **Der Abt als Mensch**	(1993)	48 S.,	DM 5,80
80	Tiguila, B., **Afrikanische Weisheit**	(1993)	50 S.,	DM 6,80
81	Grün, A., **Biblische Bilder von Erlösung**	(1993)	102 S.,	DM 11,80
82	Grün, A., **Spiritualität von unten**	(1994)	108 S.,	DM 12,80
83	Doppelfeld, B., **Symbole,** Teil 4	(1994)	74 S.,	DM 8,80
84	Wilde, M., **Ich verstehe dich nicht!**	(1994)	56 S.,	DM 6,80
85	Abeln/Kner, **Das Kreuz mit dem Kreuz**	(1994)	68 S.,	DM 7,80
86	Ruppert, F., **Mein Geliebter, die riesigen Berge**	(1995)	85 S.,	DM 9,80
87	Doppelfeld, B., **Zeugnis und Dialog**	(1995)	92 S.,	DM 10,80
88	Friedmann, E., **Die Bibel beten**	(1995)	112 S.,	DM 12,80
89	Müller, W., **Gönne Dich Dir selbst**	(1995)	74 S.,	DM 8,80
90	Ruppert, F., **Urwald und Weisheit**	(1995)	72 S.,	DM 8,80
91	Simons, G. F., **Religiöse Erfahrung,** Teil 2	(1995)	102 S.,	DM 11,80
92	Grün, A., **Leben aus dem Tod**	(1995)	104 S.,	DM 11,80
93	Grün, A., **Treue auf dem Weg**	(1995)	116 S.,	DM 12,80
94	Friedmann, E., **Ordensleben**	(1995)	104 S.,	DM 11,80
95	Stenger, H., **Gestaltete Zeit**	(1996)	80 S.,	DM 9,80
96	Doppelfeld, B., **Bleiben**	(1996)	74 S.,	DM 8,80
97	Schütz, Ch., **Mit den Sinnen glauben**	(1996)	60 S.,	DM 6,80
98	Johne, K., **Wortgebet und Schweigegebet**	(1996)	100 S.,	DM 12,80

Weitere Veröffentlichungen folgen.

Vier-Türme-Verlag
D-97359 Münsterschwarzach Abtei
Telefon 0 93 24/20-2 92
Telefax 0 93 24/20-4 52